JÖRGEN SMIT

DER WERDENDE MENSCH

AF177383

JÖRGEN SMIT wurde am 21. Juli 1916 in Bergen (Norwegen) geboren. Er war Lehrer, Hochschuldozent, Redner und Publizist, vor allem in Kontext der Waldorfbewegung und der Anthroposophischen Gesellschaft. Er wirkte als Generalsekretär der Anthroposophischen Gesellschaft in Norwegen, als Mitbegründer des Rudolf-Steiner-Seminars in Järna und als Vorstandsmitglied der Allgemeinen Anthroposophischen Gesellschaft am Goetheanum. Jörgen Smit starb am 10. Mai 1991 in Arlesheim.

JÖRGEN SMIT

DER WERDENDE MENSCH

Zur meditativen Vertiefung des Erziehens

Verlag Freies Geistesleben

ISBN 978-3-7725-3317-4

Neuausgabe 2025

ⓔ auch als eBook erhältlich

Verlag Freies Geistesleben
Landhausstraße 82, 70190 Stuttgart
www.geistesleben.de

© 1989 Verlag Freies Geistesleben
& Urachhaus GmbH, Stuttgart

Bei Fragen zur Produktsicherheit wenden Sie sich an
info@geistesleben.com
Umschlagfoto: *H. Lyman Saÿen, Child,* akg-images
Umschlaggestaltung: Bianca Bonfert
Satz: Thomas Neuerer
Druck und Bindung: CPI books GmbH, Leck
Printed in Germany

 Entdecken Sie weitere Bücher aus der Anthroposophie:
geistesleben.de/anthroposophie

 Bleiben Sie mit unserem Newsletter auf dem Laufenden:
geistesleben.de/news

Inhalt

Editorische Vorbemerkung   7

Der Schulungsweg des Lehrers   9

Das Erwachen des Bewusstseins im Ätherischen   30

Die vier Qualitäten des Ätherischen
auf dem Schulungsweg des Lehrers   49

Die Wesenswirkung aus der Nacht
in der Entwicklung der Kinder und Jugendlichen   68

Ein großer geistiger Lehrer und Waldorfpädagoge   87

Editorische Vorbemerkung

Die in diesem Buch zusammengestellten Beiträge beruhen auf Vorträgen, die Jörgen Smit, als Leiter der Pädagogischen Sektion der Freien Hochschule für Geisteswissenschaft am Goetheanum, von 1984 bis 1988 zum Teil öffentlich (1), zum Teil intern vor Waldorflehrern (2 – 4) gehalten hat. Sie sind in der Zeitschrift *Erziehungskunst* (1) und im internen Lehrer-rundbrief der Waldorfschulen (2 – 4) veröffentlicht worden.

Der Verlag hat sich dennoch entschlossen, sie mit diesem Buch einer größeren Öffentlichkeit zugänglich zu machen. Denn die in ihnen enthaltenen Hinweise, wie Erziehung durch den meditativen Erkenntnisweg der Anthroposophie fruchtbarer gemacht werden kann, sind für jeden wertvoll, der mit Kindern oder Jugendlichen zu tun hat. Da ein Teil der zugrunde liegenden Vorträge vor mit der Anthroposophie vertrauten Zuhörern gehalten wurde, werden hier allerdings deren Grundlagen vorausgesetzt, sodass Begriffe wie «Äther-leib» oder «Astralleib» nicht näher erläutert sind. Der damit nicht vertraute Leser möge diese Inhalte in den Grundschriften Rudolf Steiners – wie der *Theosophie* und der *Geheim-wissenschaft im Umriß* – nachlesen.

Jörgen Smits Absicht war es, mit seinen Beiträgen den «werdenden Menschen» anzusprechen, der nicht nur in jedem Kind, sondern ebenso in jedem Erwachsenen lebt. Erziehung ist in diesem Sinne immer auch ein Stück Selbsterziehung.

Für die vorliegende Neuausgabe wurde der Text behutsam redigiert, unter weitgehender Beibehaltung der stilistischen Eigenheiten des Autors, bibliografisch überarbeitet und um ein Nachwort von Andreas Neider vermehrt, der dieses Buch 1989 herausgab.

Der Schulungsweg des Lehrers

Mit dem Ausdruck «Schulungsweg des Lehrers» werden wohl zunächst zwei Ausbildungsrichtungen in Verbindung gebracht: Einmal die genaue Kenntnis des betreffenden Faches, das der Lehrer den Schülern vermitteln will; der Mathematiklehrer z. B. muss seinen Stoff beherrschen, er muss sich geübt haben im mathematischen Denken und sich ständig weiterbilden. Das Zweite aber ist, dass der Lehrer eine pädagogische Methode benötigt, mit der er seinen Schülern etwas beibringen kann. Neben der genauen Fachkenntnis muss also die Vermittlung des Unterrichtsfaches beherrscht und geübt werden.

Sehr leicht wird es aber fragwürdig, wenn man einer Welt- und Menschenanschauung, der Anthroposophie etwa, die weit über das bisher Genannte hinausreicht, eine Bedeutung für die pädagogische Praxis zuschreibt. Ein Blick auf die Hauptströmungen der Pädagogik des 19. und 20. Jahrhunderts kann das belegen.

Es sind da u. a. zwei Strömungen deutlich wahrzunehmen: Einmal treten diejenigen Pädagogen stark hervor, die behaupten, es komme nicht so sehr auf die spezifischen Kenntnisse oder auf eine begrenzte pädagogische Technik an, sondern vielmehr auf die ganze Lebenshaltung und Weltanschauung des Lehrers und wie diese in die Pädagogik hereinströmt. Dies gilt für viele Pädagogen, die tief verankert sind in einer religiösen Bekenntnisrichtung, oder solche Pädagogen, die jede religiöse Bekenntnisrichtung als Aberglaube ablehnen zugunsten von ethischen Richtlinien in begrifflicher Form. Diese religiösen Bekenntnisinhalte oder die entsprechenden nicht-religiösen ethischen Begriffsinhalte werden dann als das

«Wichtigste» betrachtet, das der ganzen pädagogischen Tätigkeit das Rückgrat geben sollte. Zum anderen treten Pädagogen auf, die genau das Gegenteil behaupten, dass nämlich die Lebenshaltung und Weltanschauung des Lehrers keine Rolle in der Praxis spiele, dass diese gewissermaßen in einem anderen Stockwerk liege. Es werden dann auch – z. B. von den zuletzt genannten Pädagogen – Beispiele angeführt, die diese Behauptungen belegen sollen: Man nehme einen ausgesprochen tüchtigen Lehrer mit echter Begabung, der nicht unbedingt viel geübt oder sich ausgebildet hat. Wenn so ein «geborener Lehrer» zum ersten Mal in eine Klasse kommt, dann hat er sofort eine Beziehung zu den Kindern. Man kann förmlich zusehen, wie die Kinder von ihm etwas lernen wollen, wie es hin- und herströmt zwischen ihm und den Kindern. Würde man aber einen solchen Lehrer nach seiner Weltanschauung fragen oder nach seinem Menschenbild, so wäre es durchaus möglich, dass dieser hervorragende Lehrer darauf ziemlichen Unsinn reden würde, weil er sich in dieser Richtung nicht ausgebildet hat. Und trotzdem ist er ein ausgezeichneter Lehrer! Man kann also zeigen, dass Weltanschauung und Menschenerkenntnis mit der pädagogischen Praxis nicht viel zu tun haben.

Ein anderes Beispiel: Ein Lehrer, der sehr viel studiert hat, sich in allen möglichen pädagogischen Systemen auskennt, ein glänzendes Examen an der Universität abgelegt hat usw., kommt in eine Schulklasse – und es geht alles schief. Die Kinder sind nicht im geringsten interessiert an dem, was er sagt. Sein ganzes Wissen nützt ihm überhaupt nichts. Er ist völlig unfähig, eine Beziehung zu den Kindern herzustellen.

Das sind zwei Beispiele, die als Grundlage für die Anschauung vieler Pädagogen dienen, die sagen, dass Weltanschauung und Menschenerkenntnis getrennt von dem sind, was dann in einem anderen Stockwerk als das tatsächlich Praktische der Pädagogik hinzutritt.

Andere fügen vielleicht noch ironisch hinzu: «Weltanschauungen und Menschenerkenntnis haben ihren Platz in Festreden oder in den Leitartikeln einer pädagogischen Zeitschrift. Da muss etwas über Pestalozzi oder über Menschenwürde gesagt werden und dann kommt man zur Sache, zum eigentlichen Praktischen.»

Wer sich mit diesen Aussagen auseinandersetzt, muss zunächst sagen, dass sie sehr viel Richtiges enthalten. Man sollte sich nicht allzu leicht über sie hinwegsetzen. Es kann aber dann dieser Haltung das folgende entgegengehalten werden: In den letzten Jahren gab es eine Reihe von Untersuchungen (veröffentlicht in skandinavischen Zeitungen), wo anhand von Fragebögen und Interviews mit mehreren tausend Jugendlichen gefragt wurde: «Wie denkst Du über die Zukunft? Welche Hoffnungen hast Du für das weitere Leben? Wie stellst Du Dir das Leben nach dem Jahr 2000 vor?» Dabei zeigte sich erstaunlicherweise, dass 75 % der Jugendlichen ohne Hoffnung in die Zukunft schauten und etwa sagten: «Ich glaube nicht an eine Zukunft, es ist ein schwarzes Loch, in das ich da blicke, ich glaube, dass alles zugrunde geht und dass es keine Lebensmöglichkeiten mehr im nächsten Jahrtausend geben wird.» 75 % der befragten Jugendlichen waren also solcher Ansicht.

Nun gibt es natürlich immer Jugendliche, die ein wenig melancholisch oder hypochondrisch in die Zukunft sehen, sodass man bei einer Befragung mit etwa 10 % von solchen Antworten rechnen würde. Aber 75 %? Das hat es wohl früher nie gegeben, denn es liegt doch im Wesen der Jugend, dass sie hoffnungsvoll und positiv gestimmt ist. Man ist doch als junger Mensch begeisterungsfähig! Sicher schwinden viele Hoffnungen dahin oder zeigen sich als Täuschungen, aber dann steigen neue Hoffnungen herauf. Mit Kraft und Begeisterung stellt sich ein gesunder jugendlicher Mensch ins Leben. Jetzt aber gibt es unter diesen jungen Menschen 75 %, die hoffnungslos auf ein «schwarzes Loch» in die Zukunft schauen! Und dagegen hilft kein Wissen, keine pädagogische Technik des Lehrers, wie viel er sich auch von einzelnen Fähigkeiten erworben haben mag. Das Problem liegt sehr viel tiefer. Es trifft den innersten Lebenskern des Menschen. Ein jugendlicher Mensch ohne Zukunft ist in seiner ganzen Lebenshaltung gelähmt. Das hat wesentliche Konsequenzen, sowohl für das Denken und Fühlen als auch für das Wollen.

Jede menschliche Entwicklung trägt mehr oder weniger unbewusst das hoffnungsvolle Vorwärtsschauen, die liebevolle Hingabe zum arbeitenden Lernen, zum lernenden Arbeiten in sich, wo der Mensch über sich selbst, über seine gegenwärtige Lage hinausschreitet. Die Zukunft ist dann selbstverständlich – trotz aller Schwierigkeiten, trotz aller Behinderungen und Niederlagen, die kommen mögen – hell und verheißungsvoll und regt den Willen zum begeisterten Einsatz an. Wenn aber die Zukunft grundsätzlich schwarz und hoffnungslos betrachtet wird, *muss* die innere Entwicklungskraft dadurch abgestumpft werden.

Wie verhält sich das Denken, wenn es von einer solchen Lähmung betroffen ist? Es wird auf alle Fälle oberflächlich, denn man betrachtet die Tatsachen nur von außen, wenn man meint, alles gehe zugrunde. Man interessiert sich nicht wirklich für eine Sache. Im Fühlen, wo man eigentlich immer mit der Welt verbunden ist und mit ihr zusammenströmt, beginnt der Mensch sich nur noch auf sich zu beziehen, wenn die Welt schwarz für ihn aussieht. Dabei wird das Fühlen krank, es verspinnt sich in sich selbst. Und das Wollen? Entweder wird es völlig gelähmt, sodass man keine Initiative mehr hat, oder falls man ein mehr cholerischer Mensch ist, das Wollen braust auf bis zur Brutalität. Es kommt zu triebhaften, brutalen Gewaltakten.

Die hier auftretende Problematik hängt zusammen mit der innersten Entwicklungskraft des Menschen, und wir müssen uns die Frage stellen: Können die Lehrer, Eltern oder Erzieher den Kindern oder Jugendlichen aus tieferen Quellen heraus helfen? Können sie etwas in den jungen Menschen anregen, durch alles andere hindurch, was gelernt werden soll?

Ein solches Feld hätte sicherlich Priorität vor allen anderen Kenntnissen und Fähigkeiten, in denen der Lehrer sich üben muss. Denn wenn der Pädagoge es vermag, die innerste Entwicklungskraft im Menschen anzusprechen, dann gibt es auf alle Fälle Zukunftshoffnungen bei den Kindern.

Betrachten wir das Wesen des Menschen: In der üblichen pädagogischen Wissenschaft gibt es zwei große Gebiete, die in ihrer Bedeutung für die Erziehung mehr oder weniger stark betont werden. Das ist auf der einen Seite die Vererbungsforschung und auf der anderen Seite die Soziologie.

Die Vererbungsforschung neigt zu der Auffassung: Aus den Genen, aus dem rein Körperlichen ist alles schon vorbestimmt, und es braucht sich dann nur noch zu entfalten. Die Soziologen dagegen sehen zwar die Notwendigkeit der Vererbungsgrundlage, betonen aber viel mehr die Umwelteinflüsse. Was ein Mensch ist, das geht ganz aus den Einflüssen seiner Umgebung, den Eltern, der Gesellschaft usw. hervor. Wendet man letztere Ansicht z. B. auf Mozart an, dann führt das zu der extremen Behauptung: Jeder Mensch könnte ein Mozart werden, wenn er unter denselben Umweltbedingungen wie Mozart aufwachsen würde. Hier beginnt diese Auffassung absurd zu werden, ebenso die gegenteilige Ansicht, der Mensch sei ein reines Produkt seiner Gene. In beiden Fällen wird der Mensch völlig reduziert und verschwindet eigentlich dabei. In dem einen Fall wird er zu einer bloßen Anhäufung von Molekülen gemacht, in der aber der Mensch seiner Qualität nach nicht mehr vorhanden ist. Ebenso, wenn man ihn allein zurückführt auf die Umwelteinflüsse, unter denen er gestanden hat.

In diesen Betrachtungen wird etwas unberücksichtigt gelassen, und das liegt in der Existenzfrage, die man sich als erwachsener Mensch immer stellen kann: Was machst Du jetzt in diesem Moment aus Deiner Lebenssituation? – Ein Mensch steht in einer bestimmten Lebenssituation, in der es vielleicht besonders viele Schwierigkeiten gibt. Er trägt natürlich bestimmte Gegebenheiten in sich, und es sind Voraussetzungen von außen da. Wenn man nun aber bloß addieren würde dasjenige, was von innen her bestimmend wirkt mit dem, was von außen auf den Menschen einwirkt, und daraus eine Handlung erfolgen lassen würde, so wäre man total an der Wirklichkeit vorbeigegangen. Denn in einer bestimmten Situation entsteht eben immer die Frage, wie ich meinen Lebensstoff *selbstgestaltend* in die Hand nehmen kann, um mich zu einer neuen Stufe, über mich selbst hinaus, weiterzuentwickeln.

Es ist natürlich immer möglich, dass ich es nicht tue, dann bleibe ich, wie ich bin, und werde annähernd ein Produkt von dem, was vom Körper her kommt, und von dem, was von der Umwelt her bestimmend wirkt. Dabei beginne ich annähernd – nicht völlig –, wie ein Ding zu werden. Ich verliere mein eigentliches Menschsein.

Versuchen wir, uns diese beiden Seiten am Beispiel eines kleinen Kindes zu verdeutlichen. Bei den meisten Kleinkindern hat man es, bevor sie sich aufrichten können, mit einer «Kriechphase» zu tun. Es gibt Ausnahmen, wo das kleine Kind direkt vom Sitzen zum Aufrichten kommt, aber das ist selten. Die meisten Kinder haben eine mehr oder weniger lange «Kriechphase», wo sie dann auf dem Boden herumrutschen und darin eine große Tüchtigkeit entwickeln, bevor sie irgendeine Lust zeigen, sich aufzurichten. Man könnte dann beinahe glauben, dass sie immer dortbleiben würden. Doch dann kommt dieses Aufrichten, das aber zwei Voraussetzungen braucht. Zuerst muss die menschliche Gestalt so beschaffen sein, dass ein Aufrichten möglich ist. Gesetzt den Fall, man wäre verkrüppelt, so könnte man sich anstrengen, so viel man wollte, man würde sich nicht aufrichten können. Es gibt also eine Voraussetzung von der körperlichen Seite her. Eine zureichend gesunde, menschliche Gestalt muss da sein. Damit ist die *Möglichkeit* der Aufrichtung geschaffen, aber sie ergibt sich nicht notwendig. Das Kind könnte weiter kriechen, wenn nicht die Aufrichtekraft an dieser Möglichkeit sich entzündete.

Von außen ist das Kind umgeben von erwachsenen Menschen, die sich aufrecht bewegen, und im Kinde ist eine starke Nachahmungskraft vorhanden, mit der alles wahrgenommen wird. Das Kind nimmt also die aufrecht gehenden Gestalten wahr – aber *muss* es diese nachahmen? Von der Umwelt und vom Körper müssen gewisse Voraussetzungen gegeben sein, aber dann kommt doch erst das Erstaunliche: Das Kind richtet sich *tatsächlich* auf und geht die ersten Schritte. Es hat eine neue Stufe erreicht gegenüber dem, was es vorher gewesen ist. An diesen beiden Seiten zeigt sich eine gewaltige Entwicklungskraft im Kinde, die nun eine Grundlage für das ganze übrige Leben bildet.

Viele werden sich natürlich nicht an diesen Punkt in der eigenen Biographie zurückerinnern können, obwohl es Menschen gibt, die in der Erinnerung ganz zu dieser Zeit zurückkommen, den ersten Augenblick des sich Aufrichtens, diese *jubelnde* Freude. Aber auch wenn man das nicht hat, kann man doch die kleinen Kinder anschauen und mitfühlen, miterleben, was in diesem Augenblick vorgeht. Nun kann dieser Vorgang mit einem anderen Vorgang verglichen werden, nämlich dem, wenn man das Kind sich nicht alleine aufrichten lässt, sondern ihm eine *Gehmaschine* gibt, mit deren Hilfe es sich dann aufrichten soll. Es kommt leider oft – nicht sehr häufig, aber doch zu oft – vor, dass ungeduldige Eltern den rechten Augenblick der Reife nicht abwarten können. Dann geben sie dem Kind einen Rollapparat mit einem Rahmen auf Rädern und mit Riemen daran. Das Kind wird nun, ohne dass es sich selbst aufrichten kann, in diesen Rahmen eingespannt und bewegt die Füße, obwohl es weder stehen noch gehen kann. Es rollt in einem Schein-Gehen mit diesem Apparat herum. Womit haben wir es da zu tun? Es ist eine Vorwegnahme der Entwicklung – Unreife! Das kann als ein Bild benutzt werden für tiefe Gesetzmäßigkeiten im späteren Leben, sowohl bei den Kindern als auch bei den Jugendlichen und Erwachsenen.

Zuerst muss immer eine bestimmte Stufe durchlebt worden sein, bevor man reif und fähig ist, zu einer neuen Stufe aufzusteigen. Dann erst kann man diese ganz innerlich durchdringen und sich weiterentwickeln zu der nächsten Stufe. Wir schauen da hinein in das *reifende Fähigkeitswesen* des Menschen im Stufengang der Entwicklung.

Jean Piaget, der berühmte Schweizer Pädagoge und Psychologe, hat anhand seiner Untersuchungen ein umfangreiches Material gesammelt, mit dem er viele solcher Stufen in Bezug auf verschiedene Fähigkeiten in der Entwicklung des Kindes beobachten konnte. Diese Forschungsergebnisse öffneten nun vielen Pädagogen die Augen, weil sie bemerkten, dass sie z. B. mit den neunjährigen Kindern gesprochen hatten, als ob sie zwölf Jahre alt seien.[1] Sie hatten die Entwicklungsstufen der Kinder in Bezug auf das Verhältnis von Denken und Sprache z. B. völlig unberücksichtigt gelassen und übersehen, dass das Kind im 11. Lebensjahr über eine bestimmte

Schwelle geht, an der sich das Verhältnis seines Denkens zur Sprache ändert. Bis zum 11. Jahr ist das Denken so stark von der Sprache getragen und mit ihr verwoben, dass Wort, Sinneswahrnehmung, Vorstellung und Begriff ein lebendiges Ganzes bilden und nicht voneinander in demselben deutlichen Sinn wie beim Erwachsenen getrennt werden können. Die bewusste Unterscheidung vom Wort und dem dazugehörigen, abstrakten Begriff entwickelt sich erst deutlich nach dem 11. Jahr.

Natürlich gibt es bei solchen Entwicklungsgesetzmäßigkeiten immer Ausnahmefälle, d. h. eine Streuung über eine kürzere oder längere Zeit (1-2 Jahre). Durch Piagets Untersuchungen konnten diese Lehrer nun Rücksicht auf solche Entwicklungsstufen der Kinder nehmen.

Andere Pädagogen aber zeigten sich davon unbeeindruckt. Piaget habe zwar das Vorhandensein gewisser Entwicklungsschwellen nachgewiesen, aber was hindere den Lehrer daran, diese Schwellen herunterzusetzen? Man kann mit den Kindern doch trainieren! – Ich glaube, dass diese Lehrer tatsächlich recht haben. Es ist möglich, diese Schwellen in der Entwicklung der Kinder herabzusetzen, aber dadurch geschieht etwas ganz Entsprechendes wie bei der Gehmaschine: Man nimmt einen Entwicklungsschritt künstlich voraus und bewirkt damit etwas sehr Verhängnisvolles im Wesen des Menschen: fehlende Reife!

Etwas zu wissen oder zu können, bedeutet noch nicht, dass man schon reif dazu geworden ist. Fehlt die notwendige Reife, dann führt das zu einem oberflächlichen Wissen, das man bei einem Examen vielleicht vorbringen kann, wo man aber innerlich nicht ganz dabei ist. Die jeweilige Reife ist natürlich nicht festgelegt, weil jeder Mensch sich anders entwickelt und daher seine eigene Reife besitzt. Aber in der Art der Reife gibt es wesentliche Qualitäten, die in jedem Fall Bedeutung haben.

Bei jedem Sinneseindruck öffnen wir uns gegenüber der Welt. Eigentlich ist in allen Sinneseindrücken etwas *Liebe*. Nehmen wir einen blauen Himmel, eine grüne Wiese wahr, so tauchen wir da ein, wir strecken uns sozusagen liebevoll hinein. Dann aber wird es uns ein wenig zu viel, wir stoßen den Eindruck ein wenig zurück. Wenn ein Mensch spricht, lauschen wir zunächst liebevoll dem, was er zu sagen hat. Aber plötzlich wird es zu viel, und man setzt sich ab, will den Eindruck etwas von sich weghalten, man verhält sich *antipathisch*.

In allen Beziehungen zur Welt haben wir diese beiden Qualitäten, dass wir uns erst öffnen und verbinden mit der Welt und anschließend uns selbst dagegen behaupten. Beides gehört zusammen. Zwischen diesen Polaritäten entsteht nun ein feines Zusammenwirken, aus der eine Entwicklung erst hervorgehen kann.

Auch im Seelischen finden wir diese beiden Tendenzen. Ich möchte sie mit einem etwas sonderbaren Bild die «Gummihaltung» und die «Plastilinhaltung» nennen. Wenn man nämlich einen Vollgummiball nimmt und ihn eindrückt, dann geht der Eindruck zurück und es bleibt keine Spur. So gibt es eine Tendenz im Menschen, dass er sich selbst behauptet, egal, was von außen auf ihn einwirkt. Nimmt man hingegen ein Stück Plastilin, so kann man da hineindrücken und der Eindruck bleibt. So gibt es auch eine andere Tendenz im Menschen, sich von der Außenwelt stark prägen zu lassen. Natürlich wird man keinen Menschen finden, der nur das eine oder nur das andere in sich trüge. Es gibt aber Menschen, die sehr viel von der «Gummihaltung» in sich tragen, strotzende, sich selbst behauptende Menschen, auf die man einreden kann, ohne dass es eine Spur bei ihnen hinterlässt. Sie bleiben, wie sie sind, egal wie alt sie sind. Dann gibt es andere, die weitgehend Abdrücke von dem sind, was der Vater, die Mutter oder der Lehrer gesagt haben. Wenn jemand etwas zu ihnen sagt, geht das tief in sie hinein und hinterlässt einen bleibendcn Eindruck. Auch wenn ein neues Erlebnis dazu kommt, legt es sich wie eine Schicht über das vorige. So haben diese Menschen immer neue Eindrücke, die alle erhalten bleiben.

Natürlich muss jeder Mensch etwas von beidem in sich haben, sonst wäre er kein Mensch. Denn solange er nur die «Plastilinhaltung» einnimmt, kommt der Mensch zu keiner individuellen Entwicklung. Er bleibt ein Produkt der Außenwelt. Solange er aber nur sich selbst behauptet in der «Gummihaltung», findet ebenfalls keine Entwicklung statt, denn der Mensch bleibt dann, wie er ist.[2]

Eine sinnvolle Entwicklung des Menschen kann erst dann stattfinden, wenn sich beide Qualitäten verbinden. Man beginnt mit der einen Seite, wo etwas von außen aufgenommen wird; bestimmte Kräfte sind schon vorher in einem, aber man wird interessiert an dem, was draußen geschieht, und hält sich selbst dabei zurück. Man nimmt ein wenig die «Plastilinhaltung» ein. Dabei bleibt man aber nicht stehen, sondern verarbeitet den Eindruck mit starker Eigentätigkeit in sich, sodass ein Dreischritt zustande kommt: Zuerst muss eine eigene kräftige Entwicklung stattfinden, dann muss man sich zurücknehmen und sich ganz für die Welt in Hingabe öffnen. Bei dieser Öffnung bleibt man aber nicht stehen, sondern beginnt nun, das Neuerworbene zu verarbeiten. Damit ist eine neue Stufe erreicht, und diese Tatsache lässt sich in jeder Entwicklung als Kraft im Menschen wahrnehmen.

So wie das kleine Kind sich aufrichtet und dadurch zu einer neuen Stufe gelangt, so kann auch der Erwachsene sich aufrichten, sich sozusagen von oben betrachten, und sich sagen: Du hast in einer bestimmten Art gelebt, aber so wie bisher kann es nicht weitergehen. Er wacht auf und verlässt die Stufe, auf der er sich befand. Das geht nun aber nur durch den beschriebenen Dreierschritt, wo man sich für Neues öffnet und auf diese Öffnung die Verarbeitung folgen lässt. Je stärker diese Entwicklungskraft im Menschen ist, desto unmöglicher wird es, in eine schwarze Zukunft zu schauen. Man hat die unendliche Entwicklungskraft der Menschheit in sich selbst wahrgenommen, und wie finster es auch um einen herum aussehen mag, wird man sich immer sagen können: Das ist nur das Gegebene, der Stoff; die Frage ist nun, was ich daraus mache. Jetzt hat man die starke Überzeugung von dieser Entwicklungskraft, weil man sie in sich selbst verspürt und weiß, dass sie vorhanden ist und sich betätigt. Es gibt dabei alle möglichen Stufen, auf denen der Mensch diese Entwicklungskraft in sich wahrnehmen kann. Es mag nur ein ahnungsvolles Fühlen sein, das aber trotzdem deutlich sagt: «Du kannst schon weiterkommen, du bist nicht fertig abgeschlossen, du bist nicht verurteilt, von außen durch allerlei Einflüsse überwältigt zu werden, du kannst aus dem Innern ständig neue Kräfte zur Bewältigung deiner Aufgaben wachrufen.»

Nach und nach kann das dann bewusster erfasst werden. Der Mensch lernt seine ewige Wesensquelle kennen, für die jede irdische Lebenssituation nur Material, eine Prüfung, eine Gelegenheit ist, als unvollkommener Mensch sich zum wahren Menschen hin zu entwickeln.

Umgekehrt: Je weniger diese Entwicklungskraft betätigt wird, desto mehr wird man abhängig von einer hoffnungslosen äußeren Situation. Dann überwältigen einen die düsteren Aussichten der Gegenwart, die Umweltverschmutzung, die Hungersnöte in aller Welt, die Kriege usw. – Man wird selbst hoffnungslos. So wird die Entwicklungskraft im Menschen und in den Menschengemeinschaften verschüttet. Darin besteht eine der fürchterlichsten Seelenkrankheiten der Gegenwart. Damit kommen wir auch zurück auf unsere Ausgangsfrage, was ein Lehrer in der Schule gegenüber dieser

Hoffnungslosigkeit, die sich immer mehr und mehr ausbreitet, unternehmen kann.

Natürlich muss der Lehrer sich sein Fachwissen angeeignet haben, und ebenso muss er wissen, wie er es den Kindern vermitteln kann. Beides muss aber in das Entwicklungswesen des Menschen eintauchen. Nur so kann der Lehrer die Kinder in ihrer Entwicklung unterstützen. Er kann nicht einfach etwas in sie hineingeben, denn dann würde er sie wie Plastilin behandeln. Aber fördern kann er sie, sodass in ihnen Interesse geweckt wird, das Gegebene selbständig zu verarbeiten. Erst dann entsteht wirkliche Reife und zwar entsprechend der jeweiligen Altersstufe. Diese Reifekraft hilft auch, Schmerzen und Widerstände ertragen zu können, und gibt gewissermaßen eine innere Glücksstimmung. Nur wenn die Kinder und Jugendlichen diese Kraft in sich selbst betätigen können, wird der Lehrer ihnen weiterhelfen.

An diesem Punkt liegt nun die zentrale Bedeutung des Übungsweges der Anthroposophie, denn es sind dieselben Kräfte, die im Kinde beim Gehen lernen, Sprechen lernen, Denken lernen und in der weiteren Kindheit unbewusst wirksam sind, die nun der Erwachsene betätigt, wenn er bewusst zu höheren Stufen seiner Entwicklung und Erkenntnis schreitet. Das Kind und der Jugendliche wissen nichts von der Wirksamkeit der Entwicklungskräfte, der erwachsene Mensch aber kann sie bewusst ergreifen und selbständig darangehen, sie zu pflegen.

Die Betätigung der Entwicklungskraft im Menschen ist natürlich in allen Berufs- und Lebenssituationen möglich. Das Besondere beim Lehrer ist, dass dieses Allgemeinmenschliche auf die pädagogische Arbeit gerichtet wird. Schauen wir uns den Übungsweg daraufhin an!

Die erste Übungsart ist die Steigerung innerer Bildkräfte. Damit ist folgendes gemeint: Im gewöhnlichen Leben, in der

Stadt z. B., stürzen Tausende von Eindrücken durch die Werbung, im Fernsehen, aus Zeitungen usw. von außen auf uns ein. Jetzt muss die entsprechende innere Kraft entwickelt werden, bei der alle Sinneseindrücke ausgeschlossen werden: Man übt das bewusste Aufbauen eines inneren Bildes, sodass man es innerlich stark und deutlich mit Farben und Formen malt, so stark und deutlich, dass es noch eindrücklicher wird als etwas äußerlich Angeschautes. Zum Beispiel betrachtet man mit offenen Augen eine Rose mit grünen Blättern und roter Blüte. Jetzt schließt man die Augen und versucht, im Inneren das Bild der Rose zu malen. Nun vergleicht man diese beiden Eindrücke in ihrer Stärke, die Wärme des Rots, das saftige Grün mit offenen Augen mit dem, was im Innern entsteht, wenn man mit geschlossenen Augen eine Rose gemalt hat.

Viele Menschen der Gegenwart sind jedoch nicht in der Lage, die Rose innerlich farbig zu bekommen. Sie erleben sie nur grau, denn sie sind dermaßen abhängig von äußeren Eindrücken, dass die innere Bildkraft gelähmt ist. Das bedeutet nun freilich nicht, dass sie diese Kraft nicht entwickeln können, denn sie kann geübt werden. Dazu schaut man das Rot der Rose an, schließt die Augen und beginnt nun zu *fühlen,* wie das Rot ist. Dann wird es zunächst immer noch grau bleiben, wenn man es innerlich malen will. Man muss also wiederholt auf die Wahrnehmung eingehen, denn das Entscheidende ist, dass, wenn man nichts fühlt in den Sinneseindrücken und die Qualitäten des Roten, Grünen, Blauen usw. nur gleichgültig erlebt, man eine graue Seelenstimmung in sich erzeugt. Wenn man aber bei jedem Sinneseindruck tief und differenziert mitfühlt – denn jeder Eindruck hat ein eigenes, spezifisches Echo –, dann kann man ein inneres, gefühlserfülltes Bild erzeugen.[3] – Damit ist ein erster Schritt auf dem Übungsweg eines starken inneren Lebens angedeutet. Was aber bedeutet das für den Lehrer?

Wenn die Kinder von der ersten bis zur zwölften Klasse in irgendeinem Gebiet den Lehrer vor sich haben, dann repräsentiert er sozusagen die ganze Welt, und das Kind will das gerne aufnehmen. Wenn der Lehrer aber nur oberflächlich oder informativ den Unterricht gestaltet, so ist das fehlende Nahrung für die Kinder. – Wenn das Kind sieben Jahre alt wird, erwacht in seiner Seele eine zarte Möglichkeit der inneren Bildfähigkeit, sowohl im Erinnern als auch in der Phantasie, und diese Fähigkeit ist anders als vor dem siebten Jahr. Auch vor diesem Zeitpunkt hat das Kind Erinnerung, Gedächtnis und Phantasie, aber da sind diese noch in den Sinneserlebnissen des Leibes anwesend.

Nach dem siebten Lebensjahr emanzipieren sich diese Kräfte, und eine neue Gesetzmäßigkeit tritt ein. Das Kind kann jetzt, abgesehen von den äußeren Sinneseindrücken, im Innern etwas erzeugen, und in dieser Innenwelt kann es nun vieles lernen. Es beginnt ganz klein und zart in der ersten Klasse, und hier kann der Lehrer deshalb mit dem Unterricht einsetzen. Er muss dazu an jedem Gegenstand des Unterrichts vorher so arbeiten, dass er von ihm ein inneres Bild in sich trägt. Dann kann er anders zu den Kindern sprechen, und es entsteht ein deutliches Leben im Klassenraum, wo man beobachten kann, wie die Kinder anders zuhören. Hat der Lehrer aber nur etwas in einem Buch gelesen und es vielleicht auswendig gelernt, ohne dieses innere Bild dabei zu haben, dann kann er erzählen, so viel er will, er wird an den Kindern vorbeireden. Sie werden etwas angeregt, ein äußerer Reiz entsteht, bleibt einen Augenblick und verweht dann wieder. Wenn der Pädagoge aber bei jeder Sache, die er erzählt, an diesem inneren lebendigen Bild gearbeitet hat, dann kann man sehen, wie die Kinder beginnen, anders zu *atmen*. Sie leben mit der Sache und es ist förmlich zu sehen, wie diese Bilder im Innern anfangen zu wachsen.

Das stellt aber nur eine erste Stufe dar, denn nun könnte

der Lehrer in eine fürchterliche Versuchung geraten. Wenn er nämlich entdeckt, wie seine Worte auf die Kinder wirken, ist das enorm faszinierend und gefährlich. Er sieht die ganze Klasse vor sich, wie sie die wunderbaren Bilder aufnimmt, und nun beginnt er immer mehr und mehr zu erzählen, indem er anfängt, *sich selbst zu genießen.* – Es handelt sich also nur um eine erste Stufe, auf der der Lehrer «Nahrung» an die Kinder gibt. Jetzt muss die nächste Stufe folgen, auf der er sich selbst zurücknehmen muss zugunsten der Kinder. Zuerst hat man etwas, kann etwas an die Kinder geben – Selbstbehauptung. Dann folgt die zweite Stufe, wo man sich zurücknimmt. Aber auch hier soll er nicht stehenbleiben, denn dann kommt die dritte Stufe, die Verarbeitung aus eigenen Kräften. Die Kinder sollen mit dem Gegebenen etwas anfangen. Das kann dann vielleicht erst am nächsten Tag durch Erinnerungsübungen, künstlerische Übungen usw. geschehen. Die Kinder müssen bei jeder Sache hinterher etwas tun können, um es zu verarbeiten, sonst werden sie in falscher Art abhängig und innerlich schlaff. Wie erreicht nun der Lehrer diese Stufe? Es ist nicht leicht für ihn, denn er muss jetzt gewissermaßen in die Kinder «hineinkriechen». Damit ist nicht etwa eine mystische Erfahrung gemeint, sondern etwas ganz Konkretes.

Wie aber lernt man die Kinder kennen? Zunächst muss man genau beobachten, wie sich die Kinder benehmen, wie sie ausschauen, wie sie sich bewegen, sprechen usw. Genaue psychologische Beobachtung ist also eine erste Notwendigkeit. Der zweite Schritt ist das Mitfühlen, wo man sich in das, was im Augenblick vorgeht, hineinfühlt. Darin besteht aber nur die eine Seite der Sache. Die andere Seite wird nur allzu leicht vernachlässigt gegenüber dem zuerst Beschriebenen, was ja bei den meisten tüchtigen Lehrern ausgebildet ist. – Der Lehrer muss sich nämlich fragen: Wie war ich selbst, als ich so alt war wie diese Kinder? Ist es mir möglich, zurückzugehen zu der

Stufe, wo ich sieben Jahre alt war, sodass ich im Innern genau das Wesentliche dieser Altersstufe entdecke?

Dazu bedarf es eines weiteren langen Übungsweges. Jetzt wird nicht die im Innern gesteigerte Bildkraft geschult, sondern jetzt muss man langsam und gründlich das eigene Leben verarbeiten. Gesetzt, ein Lehrer wäre 25 Jahre alt und schaut nun zurück auf die Zeit, wo er 18 Jahre alt war. Wie kann er das nun verarbeiten? Zunächst muss er sich genau in Erinnerung rufen und noch einmal erleben, was damals geschehen ist. Das genügt aber nicht, denn jetzt muss er versuchen, diese Situation *von oben* anzuschauen, als ob er eine fremde Person wäre. Er muss sich von sich selbst absetzen und sich nach dem Wesentlichen und nach dem Unwesentlichen fragen. Hierbei handelt es sich um eine Grundübung auf dem anthroposophischen Erkenntnisweg. Dabei gibt es viele, die diese Übung versuchen, aber nur die erste Stufe der Erinnerung schaffen. Sie können dann nicht entscheiden, was wesentlich oder unwesentlich war, und kommen nicht weiter.

Wie gewinnt man die Unterscheidungsfähigkeit für das Wesentliche und das Unwesentliche? – Es gibt einen Schlüssel, mit dem man sich einen Zugang zu dieser Frage eröffnen kann. Nehmen wir ein Beispiel. Jemand befand sich in einer schwierigen sozialen Situation, in der ihn ein Freund beleidigt hat, was ihn innerlich sehr verwundete. Nun kann er sehen, wie er vielleicht zu sich sagte: Das ist doch ungerecht, es stimmt nicht, was der zu mir gesagt hat, ich lasse mich doch nicht beleidigen. Dabei wurde – das sei in unserem Beispiel vorausgesetzt – die Beleidigung überwunden. Was war nun bei diesem Vorgang das Wesentliche, der Inhalt der Beleidigung oder die Kraft, mit der die Beleidigung überwunden werden konnte? Der *Inhalt* der Beleidigung spielt keine Rolle gegenüber der *Kraft der Überwindung*. Darin liegt der Schlüssel! Wenn man sich bei der Rückschau die Frage nach dem Wesentlichen stellt, muss man auf die Kräfte schauen, die in einer bestimmten Lebenssituation entwickelt wurden. Dabei stößt man auf das Wesentliche, das eine viel tiefere Bedeutung hat als das rein äußerliche Geschehen des Augenblicks.

Ist diese Stufe erreicht, dann kommt Folgendes hinzu: Es stellt sich nämlich die Frage, wie es möglich wurde, dass überhaupt eine bestimmte Situation entstand. Dabei treten nun die *anderen Menschen* stärker hervor. Wäre man allein gewesen, dann wäre die beschriebene Situation gar nicht entstanden, und es hätten keine neuen Kräfte entwickelt werden können. Also waren die anderen Menschen notwendig und unentbehrlich zu diesem Vorgang. Dadurch erkennt man die tiefe Bedeutung der anderen Menschen für das eigene Schicksal.

Zunächst hat jeder Mensch in seiner Lebensrückschau eine falsche, wenn auch natürliche Vorstellung: Er meint nämlich, dass er selber ein Zentrum darstellt, um das herum sich die anderen Menschen gruppieren. Man sieht sich selbst immer als den großen Mittelpunkt gegenüber den anderen Menschen, die nur als Statisten an der Peripherie auftauchen. Erst in der geübten Rückschau erkennt man ihre Bedeutung, und dadurch wird der anfangs große Mittelpunkt des eigenen Ich immer kleiner, bis er ganz verschwindet, wohingegen die peripheren Punkte immer mehr wachsen. Das Verschwinden des Mittelpunktes stellt dabei nur eine Übergangsstufe dar. Man interessiert sich immer mehr für das, was in den anderen lebt, bis man selbst ganz verschwindet. Dann ist die Frage berechtigt: Bin ich denn nur Zentrum, nur in mir, bin ich nicht ebenso in den anderen? Man beginnt eine höhere Schicht des eigenen Selbst in den anderen Menschen zu erleben und spürt, dass man nicht getrennt ist von ihnen. Dieses Höhere ist durch das ganze Leben hindurch wirksam und fängt nun an, langsam aufzudämmern. Das ist also die zweite Seite des Übungsweges, die wir nun zusammenfassen können: Zuerst

Rückschau, erinnern, was geschah – dann objektivieren und sich von oben anschauen – Frage nach dem Wesentlichen und Unwesentlichen – aufmerksam werden auf die Kräfte der eigenen Entwicklung – in die anderen Menschen aufsteigen, um die höhere Einheit des eigenen Selbst *langsam* zu finden.[4]

Dieses muss nun rückwärts durch das eigene Leben vollzogen werden bis zu der Altersstufe, auf der die Kinder, die man zu unterrichten hat, sich befinden. Dadurch kommt man sozusagen von innen und nicht von außen in die Kinder hinein. Der Lehrer erlebt das Wesentliche einer bestimmten Altersstufe und wie die Kinder ihn selbst erleben.

Das ist nun die Voraussetzung dafür, dass der Lehrer sich zurücknehmen kann. Erst muss er starke innere Kräfte entwickelt haben, damit er etwas zu geben hat. Dann aber muss er sich zurücknehmen und in die Kinder «hineinkriechen». Damit schafft er einen Raum, in dem die Kinder nun selbständig umgehen können mit dem Unterrichtsstoff, den der Lehrer vermittelt hat.

Der Übungsweg des Erwachsenen, seine geistige Entwicklung mit den beiden Säulen der Verstärkung der inneren Kräfte und der Verarbeitung des eigenen Lebens, wird dienend hingestellt für die Entwicklung der Kinder. Der Lehrer ersieht daraus die Wichtigkeit von beiden Säulen, die natürlich auch in anderen Berufen verwendet werden können, jeweils der Situation entsprechend. Würde er nur die Lebensrückschau durchführen, hätte er sicher ein tiefes Verständnis der Kinder, könnte ihnen aber nichts beibringen. Umgekehrt, wenn er nur die inneren Bildkräfte geschult hätte, hätte er den Kindern viel zu erzählen, aber ohne die Kinder dabei freizulassen. Beide Seiten gehören also zusammen, wie die rechte und linke Hand. Je mehr diese beiden Kräfte gestärkt werden, desto weniger wird der Mensch hoffnungslos in eine schwarze Zukunft blicken.

Wenn ein Mensch nun in einer schwierigen Lebenssituation mit starken sozialen Spannungen und körperlich schlechtem Zustand steht, so lässt sich Folgendes feststellen: Jede schwierige, zunächst unbewältigte Situation hat immer mindestens zwei ganz verschiedene Ursachen des Nicht-Bewältigtwerdens. Auf der einen Seite ist man im Innern zu schwach und träge, entwickelt zu wenig innere geistige Initiative, zu wenig schöpferische Phantasie. Auf der anderen Seite durchschaut man zu wenig seine Lebenssituation, kennt zu wenig sein Verhältnis zur Welt, zu den anderen Menschen. Oft wird man sicher keinen einfachen und direkten Weg finden. Aber es ist immer möglich, etwas zu tun und beide Säulen des Übungsweges anzuwenden: Zuerst die Verstärkung der inneren geistigen Kraft, ohne die man keinen Schritt weiterkommt, mit der allein man aber nur egoistischer werden würde. Dann die Verarbeitung des eigenen Lebens, wobei der Mensch sich von sich selbst Stück für Stück absetzt, sodass er immer mehr in die anderen, in die Welt hineinkommt. Jetzt beginnt das zu atmen: Verstärkung der eigenen Tätigkeit – in die anderen hineinfühlen. So steigert sich das Ganze immer mehr zu einer wachsenden Kraft.

Was aber trägt diese Kraft in sich? Sie trägt die Zukunft in sich, denn der Mensch kann sich jetzt ein Bild der Zukunft machen – auch wenn die Einzelheiten nicht zu sehen sind –, weil das die gestaltende Kraft der Menschheit ist. Die kann ich in mir finden, und dabei fühle ich mich mit den anderen Menschen verbunden. Aus dem Zusammenspiel der beiden Übungen ergibt sich eine unerschütterliche Zukunftshoffnung. Die kommt aber nicht, wenn man nur eine der beiden Übungen durchführt. Sie lebt in dem Pendelschlag zwischen beiden, in der Aufrichtekraft des Menschen.

So wie man sich selbst in einer bestimmten Lebenssituation wieder aufrichtet, so kann diese Kraft auch angewendet werden in der Begegnung mit den Kindern. In ihnen sind unendliche, verborgene und unbemerkte Kräfte vorhanden, die nun langsam, Stück für Stück – nicht zu schnell, sonst bekommt man Gehmaschinen – erweckt werden können.

Stellt man sich diese Anforderungen vor Augen, dann sieht man, was uns in der Gegenwart fehlt. Es fehlt nicht an Einzelkenntnissen, die millionenfach im Computer verarbeitet werden, es fehlt nicht an Einzelfähigkeiten. Es fehlt an dem genügenden Bewusstsein und der genügenden Übung dieser reifebildenden Entwicklungskraft im Menschen und in der Menschheit.

Schaut man auf die Politiker und fragt sie: Haben die zu wenig Intelligenz, ist das etwa die Ursache für all die Missstände in der Welt, fehlen ihnen Kenntnisse? Nein, das ist nicht der Fall, denn sie haben sehr hohe Intelligenzquotienten und enorme Kenntnisse – von Ausnahmen abgesehen. Was aber wirklich fehlt, ist die innere Reife der Entwicklungskräfte, der Sinn für das Wesentliche. Diese sind noch stark unterentwickelt, besonders in den hochzivilisierten Industrieländern.

Hier liegen große Aufgaben in der Zukunft. Die kann aber der Einzelne nicht lösen, denn das geht nur durch Zusammenarbeit. Dabei kommt den Rudolf-Steiner-Schulen eine besondere Aufgabe zu. Nicht nur der einzelne Lehrer muss seinen Entwicklungs- und Übungsweg gehen, sondern auch das Kollegium in der Schulgemeinschaft. Das wird heute noch lange nicht beherrscht, auch an den Waldorfschulen nicht. Sie sind oft sogar weit davon entfernt. Auch hier liegt ein Übungsfeld der Zukunft.

Damit habe ich zu zeigen versucht, wie Weltanschauung und Menschenerkenntnis nicht bloß oberflächlich genommen werden dürfen, sondern wie sie auf dem Übungsweg entwickelt und praktiziert werden. Erst dann können Weltanschauung und Menschenerkenntnis fördernd in die Lebenspraxis einströmen.

Das Erwachen des Bewusstseins im Ätherischen

«Das Erwachen des Bewusstseins im Ätherischen» ist ein Thema, das einen besonderen Stellenwert hat. Zunächst bedarf es aber einer näheren Erläuterung. Eine besondere Problematik, ja beinahe eine Krankheitssituation der Gegenwart, ist die Spaltung, die jeder Mensch heutzutage zwischen Erlebnissen in seinem Innern und einer äußerlich materiell vorgestellten Welt in sich vorfindet. Was man am Materiell-Physischen erlebt, hat ein Eigensein, das allen geistig-moralischen, spirituellen Qualitäten fremd gegenübersteht. Und umgekehrt, da, wo das Spirituell-Geistige auftaucht, verbleibt es in einer gewissen subjektiven Innerlichkeit und greift nicht in die physisch-materielle Welt ein. Es bleibt isoliert. Das Bemühen der Anthroposophie um einen Erkenntnisweg, der zu dem Geistigen im Menschen führt, und vom Geistigen im Menschen zum Geistigen im Weltenall,[5] also um eine Überwindung dieser Spaltung – kann nur erfolgreich sein, wenn das Geistige so stark und so konkret erlebt wird, dass es bis in das Physische und bis zur Betätigung im Physisch-Materiellen gebracht wird – wenn das Physisch-Materielle nicht unbeachtet liegen bleibt, sondern der Geist aus ihm entbunden wird. Aber vom Geistig-Wesenhaften zum Physisch-Materiellen kommt man nur durch das Feld des Ätherischen, vom Physisch-Sinnlichen zum Entbinden des in ihm wirkenden Geistigen kommt man ebenfalls nur durch dieses Gebiet, das unmittelbar an die sinnlich-physische Welt angrenzt, vom gewöhnlichen Bewusstsein aber nicht erfasst werden kann. Daher der besondere Stellenwert, den das Erwachen des

Bewusstseins im Ätherischen hat! Wenn das Bewusstsein von diesem Feld verschwindet, abgedämpft wird, leben wir in der Spaltung, in der Schizophrenie.

Alle Gedanken, auch wenn sie in Wirklichkeit aus der geistigen, der ätherischen Welt quellen – ohne sie würden die Gedanken gar nicht existieren –, tauchen in unserem Bewusstsein nur als Schatten auf, als Gedanken im Innern. – Auf der anderen Seite ist das ganze Feld der Sinneswahrnehmungen: Auch diese Welt stammt aus den Quellen des Geistig-Wesenhaften und dringt von der äußeren Seite an den Menschen heran – aber sie kommt nicht als lebendige zum Bewusstsein, sie stirbt ab zu einem Schemenhaften, in dem wir die Einzelwahrnehmungen nur mit Gegenstandsvorstellungen verknüpft aufnehmen. So leben wir nicht in einer geistigen Wirklichkeit, weder von der inneren Seite in dem Geistig-Wesenhaften des Denkens, noch von der äußeren in dem Geistig-Wesenhaften der Sinneswelt, sondern wir leben in der Spaltung zwischen den Schemen der Sinneswahrnehmungen und den Schatten der Gedanken: auf beiden Seiten Finsternis in Bezug auf die wahre Wirklichkeit. Das Großartige dabei aber ist, dass wir die wahre Wirklichkeit erreichen können, jedoch nicht ohne Anstrengung, wir bekommen sie nicht «umsonst».

Aus dem Reich der Schatten und Schemen kommen wir nur heraus durch unser suchendes Erkennen. Es selbst ist nicht schattenhaft, jedoch erscheint es für das Bewusstsein zunächst als Schatten- und Schemenhaftes – in seinen Untergründen ist aber unvermerkt ein Tieferes in lebendiger Tätigkeit wirksam. Das allein führt aber noch zu keinem Ergebnis, wenn die Erkenntniskraft nicht innerlich – langsam, durch Übung – verstärkt wird, zunächst noch, ohne dass dadurch etwas Bestimmtes erreicht wird. Sie wird nur stärker und stärker – bis diese Kraft an der Grenze des Schattenreiches sich selbst als geistige Wirklichkeit wahrnimmt. Das geschieht zunächst in dem gestaltenden Denken, in dem man nun nicht nur etwas abbildet, sondern wo der schöpferische Gestaltungsvorgang von der fluktuierenden Bewegung bis hin zur Formgestalt innerlich «getan» wird.

Bleibt man beim Üben nur auf der Seite des gestaltenden Denkens, dann hat dieses die Neigung, wieder verloren zu gehen. Man muss gleichzeitig auf der anderen Seite arbeiten, an den Schemen der Sinneswahrnehmungen, um zu deren Quellen zu kommen. Sowohl beim Denken wie beim Wahrnehmen liegen die ursprünglichen Quellen im Bereich des Ätherischen. Nur im menschlichen Bewusstsein sind sie zunächst voneinander getrennt. Haben wir ein aktives, gestaltendes Denken erreicht, dann muss dieser neue Schritt mit den reinen Sinneswahrnehmungen hinzukommen.

Um das Beschriebene zu verdeutlichen, soll hier ein Beispiel gegeben werden. Man sitzt auf einer Bank, draußen in der Landschaft im Wald, schließt die Augen und versucht, eine sehr intensive Meditation durchzuführen. Im Laufe der Meditation vergisst man völlig, dass man da auf der Bank sitzt; aber am Ende der Meditation taucht die umliegende Welt wieder auf. Und jetzt kann man eine Entdeckung in Bezug auf die Sinneswahrnehmungen machen: Wenn da einige Blätter sind, die ein bisschen rauschen, und man ganz gewöhnlich auf der Bank sitzt, tönt das ganz leise; wenn man von einer intensiven Meditation zurückkommt, ist das ein starkes Brausen – aber nur zwei Sekunden höchstens, dann ist es wieder normal. Was ist hier vorgegangen? Plötzlich hat man ohne Schemen, ohne Gegenstandsvorstellungen, direkt in der Sinneswahrnehmung gelebt, einen winzig kleinen Augenblick. Anhand eines solchen Erlebnisses kann man nun beurteilen, wie in allen gewöhnlichen Sinneswahrnehmungen die Qualitäten abgedämpft sind. Ein anderes Beispiel: Beim Einschlafen berühre ich die Bettdecke und plötzlich ertönt ein Brausen. An der

Grenze von Schlafen und Wachen, wo wir uns etwas aus unserem Leib zurückziehen, verschwindet das Schemenhafte, das Ordnen der Gegenstandsvorstellungen wird aufgelöst, und man erlebt die Sinneseindrücke dadurch viel intensiver. Kinder erleben das nicht selten, und einige erschrecken dann, weil sie nicht wissen, womit sie es zu tun haben. Da ist es recht nützlich, wenn die Erwachsenen Bescheid wissen.

Also, wir haben ein Doppeltes: auf der einen Seite ein Aufsteigen zu der tätigen Denkwirksamkeit, zum gestaltenden Denken; auf der anderen Seite das Aufsteigen von den Schemen der Sinneswahrnehmungen zu ihrer Quelle im wirkenden Elementarbereich. Und jetzt beginnen die beiden zusammenzuwirken – wie bei einem Atmen. Bei jedem Vorwärtsschreiten im gestaltenden Denken verstärkt, erweitert sich das Einsaugen der wirklichen Qualitäten in der Wahrnehmungswelt und umgekehrt. Dieses Brausen in der Wirklichkeit der Sinneswahrnehmungswelt, in der Elementarwelt, verschwindet im nächsten Augenblick, wenn es nicht aufgesaugt wird durch das gestaltende Denken. Wenn die beiden beginnen zusammenzuwirken, beginnt ein neues Atmen – jetzt nicht in der Luft, sondern zwischen Denken und Sinneswahrnehmen. Beides verstärkt sich gegenseitig.[6]

In dieser Tätigkeit erlebt der Mensch die ätherische Welt, den eigenen Ätherleib – aber zunächst nur wie in einem kleinen Zipfel. Ich möchte das bildlich – und nicht nur bildlich – etwa so ausdrücken: Das Ätherische um den Kopf herum ist das Erste, was da ergriffen wird. Dieser «Zipfel» hat aber die Neigung, sofort wieder aus dem Bewusstsein zu verschwinden, wenn nicht eine weitere Verstärkung eintritt. Ich möchte einige Möglichkeiten der Verstärkung andeuten.

Das Erste ist das Folgende: Wenn man glaubt, in diesem Gebiet des Wahrnehmens und des Denkens weiterzukommen, und gleichzeitig meint, man könne sein ganzes eigenes persönliches Leben unverändert liegen lassen, so ist das eine Riesenillusion. Denn dieser Zipfel hängt zusammen nicht nur mit dem nächsten Ätherischen des Kopfes, sondern mit dem ganzen Ätherleib des Menschen, und der ist ein Zeitenorganismus und lebt in der ganzen Biographie. Wenn man dann nicht beginnt, das eigene Leben zu verarbeiten, bleibt das Bewusstsein im ätherischen Zipfel klein und schwach. Nun kann man einen Verstärkungsweg versuchen: Das Rückwärtsgehen in dem eigenen Leben, Situation für Situation, Jahr für Jahr, rückwärts bis in die Kindheit und dann das Ganze von einer höheren Warte anschauend – nicht etwa nur das Persönliche noch einmal aufkochen, sondern auf es herunterschauen, als ob es von einer anderen Person erlebt wäre, mit derselben Objektivität, das Wesentliche vom Unwesentlichen unterscheiden. So leben wir uns – nach und nach – in die wirklichen Gestaltungskräfte unserer Biographie ein. Jedes Mal, wenn ein Stück Leben so verarbeitet wird, kommt eine Rückwirkung. Der kleine Zipfel «Denken-Wahrnehmen» beginnt zu wachsen, wird größer und stärker, und umgekehrt strömt von diesem Zipfel ein Licht hinein in die Lebensverarbeitung. Man sieht sofort: Wenn ich nicht an meinem Leben arbeite, bleibt dieser Zipfel immer klein und verschwindet ständig wieder.[7]

Ein nächster Verstärkungsweg ist das Erfassen des «Zeitenorganismus». Das abstrakte Wissen darum ist noch nicht die Wirklichkeit des Zeitenorganismus! Der muss *direkt* erfahren werden! Da muss man bei dem Allernächsten beginnen. Wir denken uns jetzt diese Situation hier, diesen Abendvortrag in diesem Augenblick und denken uns hypothetisch, es wäre jetzt sieben Uhr morgens, und wir alle säßen hier, und ich stünde hier und spräche. Es wäre eine *völlig* andere Situation, und es wäre ein völlig anderer Vortrag, auch wenn ich dieselben Worte sagen würde. Es wäre Morgenstimmung: gerade aus dem Schlaf aufwachend, vor dem Frühstück – das wäre eine ganz andere Wirklichkeit; inzwischen sind wir durch den Tag gegangen, wir haben Vorträge, Gesprächsgruppen gehabt und wir bewegen uns weiter hinein in den Abend. Jetzt denken wir uns, es wäre ein Uhr nachts – es wäre wiederum ein ganz anderer Vortrag, eine ganz andere Situation.

Alles, was geschieht, ist, was es ist, nicht nur durch den augenblicklichen Inhalt, sondern durch den Stellenwert im Zeitorganismus. An welchem Ort bin ich in dem Verlauf von Tag und Nacht? Was kommt auf mich zu? Was liegt hinter mir? Man ist immer drinnen in vielen kleinen, größeren und großen Kreisen: der kleine Tag-Nacht-Kreis, der ganze Monat, das ganze Jahr. Wir könnten uns z. B. auch denken, es wäre jetzt März, die ganze Situation wäre wieder ganz anders, wir befänden uns an einem anderen Ort des Jahreslauforganismus. – Man kann das schnell denken und einsehen: Es ist so –, und dann lässt man es liegen und trottet weiter von Augenblick zu Augenblick und fühlt nicht wirklich die Realität des Zeitorganismus. Es muss das *Gefühl geübt* werden, dass man sich ständig in kleinen und größeren Umläufen der Zeit befindet, und dass das Kleine, Augenblickliche, nur seine Bedeutung und seinen Wert hat durch den Zusammenhang mit dem Ganzen. Wenn man aus dem Zeitorganismus herausfällt, entsteht Nervosität. Nervosität entsteht auch aus anderen Gründen. Wenn das Ich alle Seelenkräfte und alles, was da wogt und wellt: Gedanken, Gefühle, Wünsche, Triebe, Begierden einfach laufen lässt, sich gehen lässt, nicht eingreift, wird der Astralleib schlaff, schwach. Der Astralleib hat eine große Fülle in sich, wenn aber das Ich ihn nicht impulsiert und in ihm zu arbeiten beginnt, wird der Astralleib schlaff. Was ist die Folge? Der Astralleib kann nicht mehr den Ätherleib inspirieren, und jetzt wird auch der Ätherleib schlaff. Was heißt schlaff?: Abhängig von äußeren, zufälligen Einflüssen, allergisch. Wenn man allergisch ist, ist das eine gewisse Schwäche gegenüber Einflüssen von außen. Je stärker man ist, je weniger allergisch wird man sein. Der schwache Ätherleib verliert den Zugriff zum physischen Leib, der physische Leib fällt ein bisschen «heraus». Nicht ganz – wenn er ganz herausfiele, würden wir sterben. Aber wenn der physische Leib ein bisschen herausfällt, entsteht Nervosität und verschiedene Arten von Krankheiten. Das Physische beginnt zu zappeln, wird selbstständig. Das Gegenteil geschieht, wenn das Ich auch nur etwas arbeitet an den eigenen Seelenkräften, an den Trieben und Begierden, und *etwas* daraus macht: Menschlicher, wahrer, im Denken, im Fühlen, im Wollen, in allen Neigungen, in allen Verhaltensweisen zu werden – das ist der *werdende* Mensch. Es kommt nicht auf die Vollkommenheit an, man muss nicht so vollkommen werden wie das Ideal, das wäre völlig schief gedacht und wäre auch unerreichbar – es kommt auf den Anfang an, auf die Umkehr des Willens, denn schon diese hat in sich die Kraft des werdenden Menschen. Sofort wird der Astralleib straffer, stärker. Seine Fülle ist dieselbe, aber alles wird sogleich anders in ihm, wenn diese inspirierende Kraft vom Ich kommt und das «Menschwerden» beginnt – sofort kann der Astralleib den Ätherleib stärker inspirieren, und der Ätherleib wird weniger allergisch, kräftiger und kann den physischen Leib in den Griff nehmen – ordnend, gesundend, heilend. Wir haben hier eine Grundkraft von dem, was Rudolf Steiner den «hygienischen Okkultismus» nennt. Aus den innersten geistigen Kräften des werdenden Menschen werden Heilkräfte – zunächst in dem eigenen Wesen – wachgerufen und von da wirken sie ausstrahlend auch in den sozialen Organismus.

Wenn eine Kraft den «werdenden Menschen» aufruft, wird der Ätherleib aus dem Ich heraus gestärkt, und diese Kraft wird emporgetragen. Der «Zipfel» beginnt stärker zu werden, weitet sich aus.

Ein nächster Verstärkungsweg, ein *sehr* wichtiger: Jeder Mensch der Gegenwart hat zunächst die folgende Einstellung: Er denkt sich selbst auf der Erde klein, winzig klein und mit einem ganz subjektiven Seelenleben ausgestattet, und da draußen gibt es ein· großes Weltenall mit fernen Sternen, aber man hat gar nichts damit zu tun. Auch wenn ich mich hier moralisch weiterbringe, die ganze Sternenwelt – astrophysisch gedacht – ist ohne Zusammenhang damit. Wenn man diese Vorstellung hat, dann *bleibt* man klein und schwach. Man hat nicht das Entscheidende entdeckt: dass dieses «Etwas», was im Ätherischen erwacht, nicht nur hier bei mir ist. Wo ist es noch? Es ist – gleichzeitig – auch im fernsten Umkreis, in der Peripherie. Im Physischen stehen die Gegenstände nebeneinander. Man kann einen physischen Körper so einigermaßen abgrenzen, auch da, wo Übergänge sind, bei der Luft, bei der Wärme usw. Das ist nicht mehr der Fall beim Ätherleib. Wie muss der Ätherleib gedacht werden im Verhältnis zu der ganzen ätherischen Welt? In einem so starken Zusammenhang wie der zwischen dem physischen Kopf und dem ganzen übrigen Organismus! Der Kopf ist etwas abgesetzt – für sich, aber der Hals ist da und stellt die Verbindung her zum übrigen Körper, ohne den er nicht leben könnte. Der Ätherleib des Menschen ist auch ein wenig selbständig, aber nur so weit, als der physische Kopf gegenüber dem ganzen physischen Organismus selbständig ist. Was ist der entsprechende «übrige Organismus» für unseren Ätherleib? Die *gesamte* ätherische Welt draußen! Jeder menschliche Ätherleib ist wie ein kleiner Kopf, der zum Gesamtorganismus draußen in dem großen Weltall gehört. Es gibt nichts im Ätherischen hier, was nicht gleichzeitig als periphere Kraft im Universum wirkt. Das Physische ist an einem Punkt, das Physische ist lastend. Das Ätherische ist immer im ganzen Umkreis und von da hereinwirkend, saugend.

Die Sternenwelt ist anwesend – unvermerkt – bei dem ersten Aufwachen im Ätherischen, da, wo das gestaltende Denken und das Wahrnehmen belebt wird – auch wenn man es zunächst noch nicht weiß. Unbemerkt ist das *Ganze* anwesend – und jetzt kommt wieder ein Verstärkungsweg: Dieses Leben in dem Ganzen muss bewusst gemacht, geübt werden. In der Peripherie der Sterne, in diesem großen sich wölbenden Umkreis muss man sich drinnen fühlen genauso wie im eigenen Ätherleib.

Es gibt in einem Gedicht von Novalis ein paar Worte, die man zunächst nur als poetisch schön empfindet – und plötzlich sieht man die tiefe Wahrheit in diesen Worten:

> «Die Sternwelt wird zerfließen
> Zum goldnen Lebenswein,
> Wir werden ihn genießen
> Und lichte Sterne seyn.»[8]

Es ist nicht nur poetisch, es ist wahr. Das ätherische Gewölbe des Umkreises wird bewusst, das Kleine wird Stern, lebt zusammen mit dem Großen. Es ist die Wirklichkeit des Erwachens im Ätherischen.

Ich habe jetzt ein paar Wege der Verstärkung versucht darzustellen: Verarbeitung des Lebens, Erleben des Zeitorganismus, die Arbeit des Ich an den Wesensgliedern, die Rückwirkungen davon und schließlich der Zusammenhang mit der großen Peripherie des Weltenumkreises.

An dieser Stelle möchte ich eine kleine Betrachtung einschieben über die sogenannte vierte Dimension. Sie kann eine rein abstrakte Sache sein, wo man nur weiter zählt: vierte, fünfte, sechste Dimension –, es lässt sich durchaus mit moderner Mathematik damit umgehen, ohne dass es irgendwie einen geistigen Wert hat. Man kann es auch so abstrakt anschauen, dass man sagt: drei Dimensionen im gewöhnlichen Raum, dann fügt man z. B. die Zeit hinzu als eine vierte Koordinatenachse; jetzt hat man vier, mit denen man rechnet. Das ist eine Bedeutung der vierten Dimension, die ich jetzt nicht meine. Ich will die esoterische Bedeutung der vierten Dimension betrachten, und da geschieht etwas ganz anderes. Wo befindet sich das Dreidimensionale, befinden sich die drei Koordinatenachsen im Raum? *Nur* im Irdisch-Physischen, wo die Raumeswelt erlebt wird. Nur da wird dieses Veräußerlichte der drei Dimensionen und damit das Kristallinische, Mineralische möglich. Aber das Dreidimensionale ist nicht das Ursprüngliche, es kommt aus der höchsten geistigen Welt durch drei Stufen herunter, bis es sich kristallisiert in der dreidimensionalen Raumeswelt. Wie viele Dimensionen – in dieser Bedeutung – gibt es in der höchsten geistigen Welt? Null – null Dimensionen. Da existiert keine dreidimensionale Raumeswelt, die Urbilder sind rein geistig. Wie viele Dimensionen gibt es in der unteren geistigen Welt? Eine – linienstrahlend – aber nicht eine Linie, die am Physisch-Dreidimensionalen haftet. Es ist eine Linie, die aus dem Geistigen heraus nur in einer Willensrichtung lebt. Dann – weiter herabsteigend von der Welt der Urbilder herunter – kommen wir zur nächsten Stufe, der ätherischen Elementarwelt. Wie viele Dimensionen gibt es da? Zwei! Es sind lebendige Bilder, die flächenartig sind, aber nicht Flächen wie im Dreidimensionalen, etwa eine Wand, eine Malerei; das ist es nicht. Es ist Tätigkeit von den Urbildern absteigend – kommen wir zur ersten, dann zur zweiten lebendigen Tätigkeit. Wo sind diese Flächen? Im ganzen Umkreis der ätherischen Welt und von da hereinwirkend, gestaltend, aber flächenhaft, noch nicht dreidimensional, noch nicht in einer fixierten Form. Da, wo die feste Form entsteht, ist sie aus dem Zusammenhang der Bewegungs-

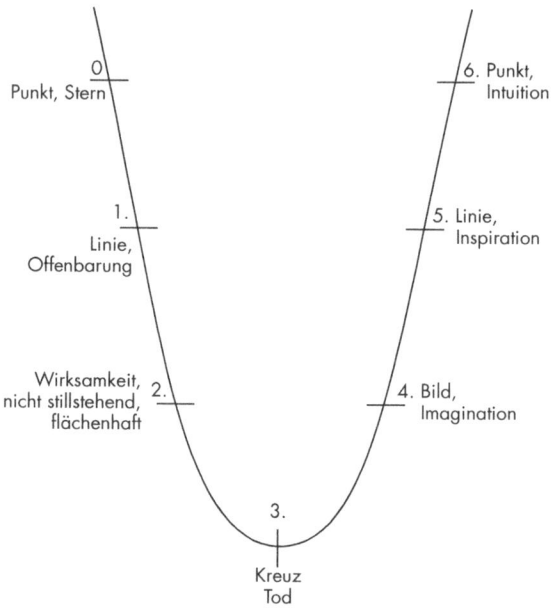

0
Punkt, Stern

6. Punkt,
Intuition

1.
Linie,
Offenbarung

5. Linie,
Inspiration

Wirksamkeit,
nicht stillstehend,
flächenhaft   2.

4. Bild,
Imagination

3.

Kreuz
Tod

Dreidimensionaler Raum

kräfte herausgefallen und wird dreidimensional-räumlich, physisch-mineralisch.

«Null» in der höchsten geistigen Welt – man könnte auch sagen: «Punkt», «Stern». – Untere Geistwelt: «Linie» – es strahlt offenbarend heraus in diesem Feld der einen Dimension. Weiter: die ätherische Lebenswelt, flächenhafte Welt der Wirksamkeit, nichts Stillstehendes – und schließlich kommt das Dreidimensionale, das Kreuz, der Tod, nur möglich im Physisch-Sinnlichen. Es ist das Heruntersteigen einer schöpferischen Tätigkeit.

Und dann beginnt die aufsteigende Linie der Bewusstseinsentwicklung, und wir bekommen die vierte, fünfte und sechste Dimension, aber nicht einfach als neue Achsen, die hinzugefügt werden, sondern als Aufstieg zu den höheren Ebenen, wo jeweils eine Dimension der Veräußerlichung wieder verschwindet. Beim ersten Aufsteigen verschwindet eine, es wird flächenhaft, geht ins Bild. Dann verschwindet eine weitere – wir kommen zur Linie, Inspiration. Es fällt abermals eine weg – wir sind im Punkt, in der Intuition, ganz im inneren Wesenhaften.

Das Aufwachen im Ätherischen geschieht also da, wo das Bewusstsein vom Dreidimensionalen zu dieser nächsten Ebene aufsteigt, wo *eine* Veräußerlichung verschwindet, und wo die Fläche nicht Fläche an einem Gegenstand, sondern eine lebendige, wirkende Bildfläche ist. Wo befindet sich diese Bildfläche? Dazu gibt es einen sehr aufschlussreichen, anregenden Hinweis Rudolf Steiners.[9] Wo steigen die Imaginationen auf? Genau an der Stelle, wo sonst die Erinnerungen auftauchen – ganz im Innern, wie in einer Fläche, in der man selbst mitten drinnen steht – da ist das Imaginationsfeld, die Imaginationsebene. Was heißt das? Es können keine Visionen sein! Eine Vision kommt wie ein Gemälde von außen, man schaut es bloß an; alle möglichen Irrtümer und Täuschungen können sich hineinmischen. Die Imagination ist, indem sie auftaucht, Selbsttätigkeit; man erlebt sich selber in der Tätigkeit des Bildschaffens. Aber gleichzeitig ist das Bild auch an einem anderen Ort. Wo? In der unendlichen Ferne, in dem großen Umkreis! Das ist die vierte Dimension, wo man klein ist und gleichzeitig groß, wo man in der kleinen Fläche ist und gleichzeitig in der großen Umkreisfläche der Peripherie, in der Sternenwelt.

Wenn man sich um die Sternenwelt nicht kümmert, verschwindet auch diese kleine innere Fläche der Imagination, denn die kann nur erfasst werden, wenn sie gleichzeitig als Universalkraft in der Peripherie erlebt wird. Das ist das Geheimnis. Was muss man also tun? Man muss aus seinem kleinen persönlichen Körper hinaussteigen! – Das heißt nun nicht, sich selbst verlieren, denn bei dieser freien Tat kann man jederzeit wieder zurückgehen zum Dreidimensionalen und die Verbindung kontrollieren – man hat volle, bewusste Sicherheit in der Verbindung. Wenn man sich verliert, werden alle Täuschungen möglich. Man muss ständig die Rückkoppelung durchführen können bis zu dem Punkt des Kreuzes im Dreidimensionalen. Dadurch bleibt die eigene Freiheit gewahrt.

Gerade hier an der Grenzfläche der zweiten und der vierten Dimension (siehe Zeichnung S. 40) finden aber auch Ereignisse statt, die eintreten vor der Geburt und unmittelbar nach dem Tode. Unmittelbar vor unserer Geburt kommen wir aus der höchsten geistigen Welt durch die untere geistige Welt, durch die Elementarwelt, und befinden uns kurz vor dem Eintreten in die physische, dreidimensionale Welt. Da entfalten sich jetzt alle geistigen Intentionen des kommenden Lebens und stehen vor uns wie in einem großen Lebenspanorama. – Unmittelbar nachdem wir sterben, fällt der physische Leib ab, und jetzt entfaltet sich das ganze Lebenspanorama des gewesenen Lebens – ein Panorama *vor* dem Erdenleben und eines *nach* dem Leben! Wir sind umrandet von dem doppelten, großen Lebenspanorama unserer innersten, geistigen Intentionen – wobei wir nicht an kleine Einzelheiten denken sollten, also nicht glauben, dass alles vorbestimmt wäre vor der Geburt, das wäre ein Irrtum. Es sind die geistigen Intentionen und das Geistig-Wesenhafte, die in großer, bildhafter Form nach dem Tode vor uns stehen.[10]

Dasselbe ist der Fall jeden Morgen beim Aufwachen und jeden Abend nach dem Einschlafen – ein Panorama des kommenden Tages – ein Panorama des vergangenen Tages. Wir sind im Kleinen umrandet von dieser Umkreis-Bildtätigkeit des Wesenhaften. Denn was ist ein Bild? Wenn es ein wahres Bild ist, wird ein Wesen im Bild ausgedrückt. Es hat gewissermaßen geistige Gesichtszüge, die anschaubar werden. Es ist nicht ein absurdes, zusammengebasteltes Bild, es ist ein Wesensgesicht, das zeigt, was noch kommen soll und was gewesen ist. Es verschwindet nicht während des Tages, sondern lebt im Zeitorganismus unmittelbar unter der Oberfläche der Schatten und Schemen und kann in jedem Augenblick, wo dieses Aufwachen im Ätherischen beginnt, bewusst gemacht werden. Worin stehe ich jetzt? Was ist die geistige Zielrichtung? Ein großes Bild fasst das zusammen, und mit ihm bin ich drinnen in diesem Zeitorganismus, der sich weiter bewegt.

Wenn man aus dem Zusammenhang des Geistes herausfällt, entsteht Angst. Und Angst durchzieht die ganze Menschheit der Gegenwart, weil wir aus diesem Zeitorganismus des Geistes herausgefallen sind – verloren sind und sozusagen, zerstückelt, nur Einzeltröpfchen in den einzelnen Körpern. Was wird geschehen? Gehe ich zugrunde? Wird die ganze Welt im nächsten Augenblick vernichtet? … Angst! – aus einem tiefen, schwarzen, dunklen Loch aufsteigend. Angst kann nicht überwunden werden dadurch, dass man sie nur unterdrückt. Mut wird geschaffen durch Geistiges, geistige Betätigung, durch die man zu einem neuen Zusammenhang in einer geistigen Wirklichkeit findet, in der dieser Zeitorganismus im Bewusstsein ergriffen wird. Man wacht auf in ihm! – Aber selbst wenn der Mensch etwas in dieser Richtung erreicht, verliert er diesen Zusammenhang nur allzu leicht wieder. Wenn er dann als kleine Person auf der Straße spazierend an das Weltenall denkt, dann erfüllt ihn doch nur, was er durch Zeitschriften und Massenmedien erfährt, das Bild eines ganz mechanischen, nur stofflichen Weltenalls, bei dem alles, was da auf der Erde vorgeht, völlig bedeutungslos ist. Wenn man sich dieses astrophysische Weltbild genau und intensiv vorstellt, und sich dann denkt, die ganze Erde und die ganze Menschheit würde im nächsten Augenblick ausgelöscht werden, was würde das bedeuten für die ganze astrophysisch vorgestellte Welt? Nichts! Man dächte sich, dass alles so weiterrollen würde, als ob nichts geschehen wäre – absolut nichts! Die moderne Menschheit hat also ein Weltbild, durch das die ganze eigene Existenz ausgelöscht wird. Das erzeugt im Unterbewusstsein Angst.

Es muss also dieses ganze astrophysische Weltbild, das wie ein großer massiver Klotz in unserem Bewusstsein lebt, in Bewegung gesetzt werden, in den Zeitorganismus hineingehoben werden, – aber nicht in eine astrophysische Zeit, die nur eine Koordinatenachse ins Unendliche ist und nur postponiert wird, hypothetisch rückwärts und vorwärts – immer das Gleiche wiederholend –, sondern in den wirklichen Zeitorganismus. Woher kommt der? – Wir finden das dargestellt in dem Buch *Die Geheimwissenschaft im Umriß* von Rudolf Steiner. Die planetarischen Entwicklungsstufen können wir uns daran erarbeiten: Saturn, Sonne, Mond, Erde – aus den geistigen, wesenhaften Urgründen, aus der höchsten geistigen Welt steigt die Entwicklung stufenweise herunter bis zu dem Punkt in der Mitte, wo auch die drei Dimensionen in dem Kristallinisch-Toten möglich werden; dann in einem großen Schwung weiter in die Zukunft, wo jetzt alles das, was durch die herabsteigenden Stufen gegeben, geschenkt, erarbeitet, entwickelt wurde, in neuer, verwandelter Form im *werdenden* Menschen und in der *werdenden* Erde weitergeführt werden kann. Wir können uns fragen: Welches Gefühl entspricht der Saturnstufe in der Stimmung innerhalb dieses ganzen Zeitorganismus, in dem alle sieben Stufen zusammenhängend ein Ganzes bilden? Saturnstimmung ist Frühling, Weltenfrühling. Wie ist die Stimmung der Sonnenentwicklung, wo die Keime, die in der ersten Saturnentwicklung, dieser Wärmewelt, gelegt wurden, sich entfalten, aufleben? Es ist Sommer, Weltensommer. Welche Stimmung lebt dann in der Mondenentwicklung? – Jetzt beginnt es, etwas zu zerfallen, sich zu spalten, es treten Probleme auf – Herbstesstimmung ist in der Mondepoche! Und nun kommt unsere Erdenzeit. Das ist die kosmische, planetarische Winterzeit; Schneelandschaft, Eislandschaft – kosmisch gesehen – die dreidimensionale, tote, kristallinische Welt, Weltenwinternacht! Und jetzt denke man sich, man schaue hinaus in die wunderbar schöne Schneelandschaft und denke sich gleichzeitig, man wüsste nicht, dass unter dem Schnee und an den kahlen Ästen die Keime des nächsten Frühlings schon gebildet wären – dann wäre der Winter Tod-bringend, schrecklich. Der Winter ist wunderbar schön – als Durchgangsphase, wenn man gleichzeitig weiß: Unter dieser kalten Decke sind schon die Keime des nächsten Frühlings; ich kann ruhig warten, die Schneelandschaft genießen, bevor der neue Frühling kommt.

Was ist nun das astrophysische Weltbild? Es ist ein momentaner Schnitt durch die Winterzeit, wo man die ganze vergangene Frühlings-, Sommer- und Herbsteszeit vergessen hat und glaubt, es gäbe nur Eis, Schnee und Winter – und wo man auch von den Keimen für den nächsten Frühling nichts weiß. Ein Schnitt, der gleichzeitig Falsches aussagt. Er ist eine halbe Wahrheit, weil alle Einzelheiten in der Beschreibung der Eislandschaft stimmen. Man kann diese Lüge nicht dadurch überwinden, dass man sagt: «Die Eiskristalle existieren nicht», denn sie sind da – aber sie müssen heraufgehoben werden in den großen Zeitorganismus, in das Bewusstsein des Weltenfrühlings, Weltensommers und Weltenherbstes. Dann sieht man das gegenwärtige Bild des Sterbens, aber gleichzeitig überall unter der Oberfläche die Keime des nächsten Frühlings. Die Angst wird überwunden, und man gewinnt die unerschütterliche Sicherheit aus dem Geistig-Wesenhaften dieses großen Zeitorganismus. Das muss aber *geübt* werden. Deshalb ist das gründliche Studium der «Geheimwissenschaft» von Rudolf Steiner etwas Grundlegendes beim Erwachen des Bewusstseins im Ätherischen.

Das muss dann weitergeführt und aufgegliedert werden in die Kulturepochen. Hier taucht wieder eine Krankheit der Gegenwart auf: Sie ist geschichtslos, das heißt, man weiß unendlich viel, Millionen von Einzelheiten aus der Vergangenheit, sehr oft richtig dargestellt! – und doch sind sie eine halbe Wahrheit, weil sie nicht heraufgehoben werden auf die Ebene des großen Siebenerschrittes der Kulturepochen: der indischen, persischen, ägyptischen, griechischen, lateinischen Kulturepoche. – Wir befinden uns in der fünften Epoche, eine sechste, eine siebente wird folgen. Wir sind auf einem Wege, wo jedes Einzelne, jeder Augenblick seinen vollen Wert hat, doch seinen inneren Sinn erst findet durch die Gesamtheit, durch den ganzen Kreis.

Und von den großen Zeitenrhythmen geht es zu den ganz kleinen: zum eigenen Leben. Auch mein eigenes kleines Leben von der Geburt bis zum Tod ist ein Zeitorganismus, ein Ganzes. Ich befinde mich im Augenblick an einem bestimmten Orte. Gesetzt, ich bin achtzehn Jahre alt, oder siebzig Jahre alt, was heißt das? Dass gerade diese eine Stelle bis ins Physische überbetont ist! Das ganze übrige Leben ist auch da, im Hintergrund, darüber, darunter, drumherum, in der Peripherie, in der Fläche, die sowohl in mir anwesend ist, mich durchquert, als auch in den fernsten Fernen des Umkreises wirkt. Das ganze Leben ist in jedem Augenblick anwesend, aber einzelne Stellen sind überbetont: das achtzehnte Jahr des Jugendlichen, oder das siebzigste Jahr des Alten. Was bleibt im Hintergrund bei dem Jugendlichen? Alles das, was noch kommen wird. Das ist dann mit besonderer Stärke in dem übrigen Zeitorganismus vorhanden. Was lebt besonders stark in dem ätherischen Organismus eines Siebzigjährigen, der physisch alt geworden ist? Die ganze Jugendzeit!

Es gibt eine wunderbare Stelle in dem ersten Mysteriendrama Rudolf Steiners,[11] wo Johannes Thomasius, der Maler, durch innere Prüfungen geht. Er erlebt diesen Nullpunkt der Schatten und Schemen, wo er sich als Nichts fühlt und durch die suchende Erkenntniskraft aufsteigt zu diesem langsamen Erwachen im Ätherischen. Und da sieht er zwei Menschen, die er im Physischen als den alten Professor Capesius und den jungen Dr. Strader kennt. Aber jetzt erweitert sich das Bild für ihn: Er sieht den im physischen Leben alten Professor als einen Jüngling! Und den jungen Dr. Strader sieht er als einen alten Mann! Es ist komplementär, weil das, was im Physischen an dem einen Punkt überbetont ist, in dem ganzen Zeitorganismus die entgegengesetzte Seite besonders stark hervorruft. Die Prüfung des Ichs geht durch alle Phasen dieses sinnvollen Ganzen hindurch – der *werdende Mensch.*

Als kleines Kind, wenn wir lernen zu gehen, zu sprechen, zu denken, ist, ohne dass wir es wissen, der werdende Mensch am allerstärksten in uns. Aber der werdende Mensch wirkt unter der Oberfläche in diesem ätherischen Tätigkeitsfeld durch das ganze Leben hindurch aus dem innersten Wesenhaften des Göttlichen. Bei dem Erwachen des Bewusstseins im Ätherischen sehen wir deshalb viele Schichten, viele Felder, und sie haben die Eigenschaft an sich, dass sie sich gegenseitig verstärken. Das Großartige ist, dass man gleichzeitig das Große und das Kleine erfährt, man findet sich selbst, das Werdende in der eigenen Biographie, und man findet die Menschheit, die Menschheitsentwicklung, wie ich am Beispiel der *Geheimwissenschaft* versucht habe zu veranschaulichen. Man findet das Wesentliche in der eigenen Individualität, das wirklich Wesenhafte im werdenden Menschen; aber wenn nur das da wäre, wäre es falsch, denn es ist nur wahr, wenn es gleichzeitig in dem Großen lebt.

Als wirklich erfahrene Tatsache lebt es sich auch so dar: Der Christus wird gefunden im Innern, in jedem einzelnen Menschen, aber gleichzeitig als der kosmische Christus in dem Großen, in den anderen Menschen und in der ganzen Menschheit. Er kann nicht nur an der einen Stelle gefunden werden. Er wirkt aus dem Umkreis herein und gleichzeitig im tiefsten Herzen.

Ich habe versucht, einige Grundlinien von diesem Wege der Überwindung der Spaltung von innerer und äußerer Wirklichkeit zu zeichnen, und ich glaube, es ist offensichtlich: Hier sind auch die Quellen der Erziehungskunst, denn in dieser geht es doch um den werdenden Menschen. Wie können wir den Kindern helfen, wenn wir nicht selbst in uns den werdenden Menschen bewusst machen? Nur durch diese Quelle können wir auch den Kindern, der Jugend hilfreich sein und sie fördern.

Die vier Qualitäten des Ätherischen auf dem Schulungsweg des Lehrers

Die ersten Schritte auf dem meditativen Erkenntnisweg führen zu einer inneren Verstärkung des Denkens. Was auch der Inhalt einer Meditation sein mag, sie ist ein Verweilen in einem bestimmten Bild oder in Worten und Gedanken, sie ist ein Sich-langsam-und-genau-bewegen können von einem Gedanken zu einem nächsten Gedanken, sodass das Ganze in einem inneren Zeitorganismus im Bewusstsein lebt. Die Gedanken werden zu Gebilden, die ganz von Leben durchdrungen sind und sich in Bewegung befinden und die dadurch ihre eigene Wesenheit darstellen. Das ist bei gewöhnlichen Vorstellungen nicht der Fall, denn die sind Abbilder von etwas anderem, und wenn sie klar sein sollen, müssen sie festgehalten werden können. Von dieser Grundlage der toten Vorstellungen erhebt sich der Mensch auf dem meditativen Erkenntnisweg zu einem lebendigen, gestaltenden Denken.[12]

Es ist die ewige Individualität, die dabei langsam zum Tätigsein erwacht. In der kurzen Zeitspanne solchen inneren Tätigseins wird alles, was vom physischen Leib her kommt – alle Sinneswahrnehmungen –, abgewiesen. Das ist z. B. auch der Fall mit den Tastwahrnehmungen, sodass sich ein Gefühl des Schwebens einstellt.

Innerhalb der meditativen Tätigkeit werden die gewöhnlichen Vorstellungen auch immer auftauchen wollen. Man versucht doch, sich klarzumachen, was man erlebt hat, möchte es in Vorstellungen festhalten. Wir befinden uns in einem Grenzgebiet, wo diese innere Tätigkeit die Beziehung zu den gewöhnlichen Vorstellungen sucht, und wir werden lernen, uns hier richtig zu verhalten, wenn wir die Qualität des rein meditativen Lebens vergleichen mit der Qualität der vorstellenden Tätigkeit. Wenn wir versuchen, das meditative Erlebnis hineinzudrücken in Vorstellungen, gewahren wir eine Art von Nachbild-Vorstellungen; wir sehen, diese Nachbild-Vorstellungen sind nur Wegweiser, die hindeuten auf etwas, was real da ist. Sie sind nicht die Sache selbst. Die geistige Tatsache selbst kann nur direkt erlebt werden.

Auf welche Weise erfährt man den Unterschied von einer physisch-sinnlichen Tatsache und einer Vorstellung? Im physisch-sinnlichen Bereich stößt man vielleicht an einen Gegenstand und weiß ganz genau: Worauf ich stoße, das ist eine Wirklichkeit, selbst wenn ich sie noch nicht verstehe. Ganz anders ist es, wenn ich nur die Vorstellung etwa von einem Tisch habe – das Erlebnis der Realität fehlt!

In der meditativen Tätigkeit wird man berührt von geistigen Tatsachen – man stößt gleichsam an sie an. Sie kommen jedoch nie von außen. Was ist aber eine geistige Tatsache? Das ist eine Wesenheit oder die Beziehung zwischen Wesenheiten – etwas Veräußerlichtes gibt es ja nicht in der geistigen Welt. – Sie hat Tatsachencharakter und taucht als Tatsache in der meditativen Tätigkeit auf. Bilde ich mir eine Vorstellung davon mit der gewöhnlichen Vorstellungsqualität, dann ist sofort das Gefühl des Schwebens, des Losgelöstseins vom physischen Körper nicht mehr da. Ich empfinde die Vorstellung, die nur Abbild von etwas anderem ist, als im Kopf sitzend, an das Gehirn gebunden, sozusagen am Gehirn klebend; wobei das Wort «Kleben» noch zu schwach ist. Beim Kleben könnte man ja noch etwas lockern, und dann würde die Vorstellung gewissermaßen darüber schweben. Das kann sie aber nicht. Sie ist mit dem Gehirn so fest verbunden wie die Schwerkraft mit dem Stoff. Man kann ja nicht Gravitation, Schwerkraft denken, ohne dass man gleichzeitig Stoff denkt – und umgekehrt,

50

denkt man Stoff, dann ist damit Schwerkraft unlöslich verbunden. Genauso sind die gewöhnlichen Vorstellungen an das
Gehirn, den Kopf, gebunden.

Jetzt setzt die Tätigkeit der ewigen Individualität ein, streift
nur diese Vorstellungen und richtet die ganze zentrierte Auf-
merksamkeit auf die Bewegung und das Leben, das da aus
dem innersten Kern des eigenen Wesens auftaucht!

Was erleben wir auf dieser ersten Stufe der geistigen Erfah-
rungen, gerade im Vergleich zu den am Gehirn klebenden
Vorstellungen? Wir erfahren schon die Tiefe der geistigen
Welt, ahnen die eigene höhere Wesenheit – aber sie erscheint
nicht so ohne weiteres und wird erst allmählich bemerkbar
in dem Tätigkeitsfeld innerhalb des eigenen Ätherleibes.
Nun kann der eigene Ätherleib niemals ohne den gesamten Weltenäther gedacht werden, in den er eingebettet ist.
Er ist nicht etwa nur ein dünnerer physischer Leib, sondern
hängt unauflöslich und unaufhörlich mit dem Weltenäther –
jener kosmischen Tätigkeitssphäre höherer Wesenheiten –
zusammen. Ohne sie wäre er nicht da.

Jetzt entfaltet sich diese innere, lebendige Tätigkeit – aber sie
ergreift nicht gleich den ganzen Ätherleib, sondern zunächst
nur wie an einem Zipfel – bildlich gesprochen – den Ätherleib
des Kopfes. Das kann man während der meditativen Tätigkeit wie eine Art Loslösung in der Kopfsphäre deutlich spüren.
Es kommt zu dieser inneren lebendig-bewegten Tätigkeit im
Ätherleib am und neben dem Gehirn. Gleichzeitig lässt sich
durch eine Art Grenzgang die Beziehung zu den gewöhnlichen, am Gehirn klebenden Vorstellungen fassen – und da
entdeckt man, dass das Gehirn und alle gewöhnlichen Vorstellungen Endprodukte sind, aus der Tätigkeitssphäre des großen
Weltenäthers entstanden. Kopf, Gehirn und dessen Vorstellungen sind Schrumpfprodukte. Es wäre keine einzige Gehirn-
windung entstanden, wenn nicht diese kosmisch-ätherische

Wirksamkeit hereingeströmt wäre und den gesamten Kopf gebildet hätte.

Mit welcher Stimmung erleben wir das? Mit einer doppelten: Auf der einen Seite haben wir die tiefste Verehrung und Devotion gegenüber den mächtigen kosmischen Kräften, gegenüber der Weisheit, die da zusammenströmt in dieser wunderbaren Bildung des Gehirns, das uns die Möglichkeit zu allen Vorstellungen erst gibt. Auf der anderen Seite ergreift uns Wehmut, denn man steht vor einem Sehrumpfprodukt, einem Endprodukt, das dem Tod geweiht ist. Man schaut in tiefster Devotion in eine große kosmische Vergangenheit, aus der alles entstanden ist – und fühlt gleichzeitig Wehmut, weil wir an einem Ende stehen, an einem Schlusspunkt. Welche Kraft im Ätherischen ist es, die bis zur physischen Ausgestaltung, zum Endprodukt gehen kann? Die höchste der vier Ätherarten, der Lebensäther, hat diese starke Kraft, die geistig-sinnerfüllt bis in die physische Gestaltung hineinwirk – der Wärmeäther, der Lichtäther und der Klangäther können das nicht. Wir erleben also eine allertiefste Verehrung gegenüber diesen höchsten Kräften und gleichzeitig eine wehmütige Stimmung, die das tote Endprodukt der großen kosmischen Mächte der Vergangenheit betrachtet: Melancholie! Wir haben das Urteil des Melancholikers vor uns. Deshalb neigt auch der Mensch mit melancholischer Temperamentsfärbung – stark im Kopfgebiet lebend – dazu, vorwiegend die Vergangenheit zu betrachten. Er bleibt an dem hängen, was gewesen ist. Alles, was sich abgespielt hat, hinterlässt so tiefe Spuren, dass er stehenbleibt bei dem Bedenken dessen, wie das alles gekommen ist, was die Ursachen davon gewesen sind und so weiter. Er ist vergangenheitsorientiert. Die Melancholie erzeugt eine Art blauvioletter Stimmung im Kopfgebiet. Aber da ist ja nur ein Zipfel des ganzen Ätherleibes wirksam, und die Gesamtheit des Ätherleibes hat selbstverständlich nichts spezifisch Vergangenheitsgerichtetes, sondern ist von einem großen, mächtigen Leben durchdrungen und hat Vergangenheit, Gegenwart und Zukunft gleichzeitig in sich.[13]

Und jetzt wenden wir unseren Blick in die entgegengesetzte Richtung, schieben die ganze Vergangenheit weg und haben vor uns: Zukunft – nur Zukunft! – aber nicht etwa eine Vorstellung von der Zukunft, eine Art Zukunftsprognose – die wäre ja bereits wieder ein Sehrumpfprodukt der Vergangenheit! Wir müssen vielmehr – in der meditativen Tätigkeit – unseren Blick in die wirkliche Zukunft richten und da finden wir: Wollen, Wille zur Tat, Mut, Wärme! Wir erleben eine andere Seite des Ätherleibes, den Wärmeäther! Und so, wie der Lebensäther den ganzen Ätherleib durchzieht, wenn er in jeder Strukturgestaltung bis zu den Zehen hinunter wirksam ist – kein Skelett ohne Lebensäthertätigkeit –, seine eigentliche Tätigkeit aber im Kopfgebiet entfaltet, so ist auch der Wärmeäther im ganzen Leib tätig und hat nur sein hauptsächliches Aktionsgebiet in der Gliedmaßentätigkeit. Die *Struktur* der Gliedmaßen hängt vom Kopf und der Lebensätherseite des Ätherleibes ab, ihre *Tätigkeit* aber vom Wärmeäther. Sehen wir also in die Zukunftsrichtung, dann wird es rot, willensdurchdrungen, warm – da ist Mut zur Tat – Cholerik! Das Urbild des cholerischen Temperamentes sitzt also vorwiegend im Gliedmaßenteil des Ätherleibes.

Wir haben jetzt zwei Pole des Ätherleibes vor uns, den Lebensäther des Kopfpols und den den Wärmeäther des Gliedmaßenpols, obwohl beides auch alles andere durchdringt. Wo immer Tätigkeit lebt, ist auch der Wärmeäther beteiligt. In beiden Polgebieten werden die Grenzen des Ätherleibes ganz aufgehoben: Am Kopf strömen aus weiten Fernen die kosmisch gestaltenden Bildekräfte hinein bis hin zum Gehirn – bei den Gliedmaßen strömen Kräfte hinaus in die Zukunft, Keime für die Zukunft bildend.

Nun könnte man sagen, dass diese Schilderung mit verschiedenen Darstellungen Rudolf Steiners nicht übereinstimmt. Rudolf Steiner sagt ja etwa:[14] Im Kopfgebiet deckt sich das Ätherische mit dem Physischen, nur im Gliedmaßengebiet ragt es etwas darüber hinaus. Er selbst macht darauf aufmerksam, dass man zwei Blickpunkte der geisteswissenschaftlichen Forschung unterscheiden muss: Der eine sieht von außen in einen anderen Ätherleib hinein, sieht ihn etwa in der Pfirsichblütenfarbe, der andere erlebt den eigenen Ätherleib von innen her. Und bei dem Erleben des eigenen Ätherleibes sieht man diese unendlichen Strömungen von oben in den Kopf kommen – blauviolett – und bei den Gliedmaßen weit hinausragen – rot – zukunftsträchtig. – Und was haben wir dazwischen? Zwischen den beiden Polen des Ätherleibes liegt alles, was Säftebewegung ist, das Fließen des Blutes, der Lymphe, aller Säfte. Da gibt es kein Endprodukt, denn es kommt nirgends zu der ausgestalteten Form, es fließt, strömt und plätschert im ganzen Körper, in den chemischen Verbindungen sich mischend und entmischend – eine fließende Auseinandersetzung. Bildlich gesprochen ist die innere Färbung grün, wohltuend grün, phlegmatisch. Und zeitlich gesehen liegt das Phlegmatische genau in der Mitte der Gegenwart. Der Choleriker hat immer die Neigung, die Vergangenheit unberücksichtigt zu lassen, unbewusst löscht er sie aus; uninteressant ist, was gestern war, es kommt darauf an, was wir jetzt tun – vorwärts, in die Zukunft hinein! Der Melancholiker vergisst die Zukunft und schaut hauptsächlich in die Vergangenheit. Der Phlegmatiker plätschert und schwingt genau in der Gegenwart und interessiert sich weder besonders für die ferne Vergangenheit noch für die weitere Zukunft, sondern wendet sich dem zu, was im Augenblick in den eigenen Säften vorgeht. Hier in der Mitte, wo es weder zur endgültigen Ausgestaltung noch zur Intention Zukunft kommt, in diesem Wirken des Wässrigen, Klangäther.

Aber dieses mittlere Gebiet wird auch durchpulst von den Atemzügen des ganzen Luftmenschen. Bei den Atemzügen schlägt das Pendel viel stärker aus als bei den Säftebewegungen. Im Flüssigkeitsmenschen machen sich nur leise Pendelbewegungen bemerkbar, sie fluten in rhythmischen Wellen, kümmern sich aber nicht um die Welt, klingen mehr in sich zusammen. Der Atemzug aber strömt ganz nach außen, dann wieder ganz nach innen, sich entweder mit der umgebenden Welt verbindend oder sich im nächsten Augenblick wieder ganz in sich zurückziehend. Was geschieht, wenn es ganz nach innen geht, wenn wir einatmen und den Atem anhalten? Dann versteift sich etwas in uns, bildet etwas wie eine abgeschlossene Form, nähert sich der Kopfbildung. Es kommt nicht wirklich zu einer Kopfgestaltung, das würden wir nicht aushalten – wir müssen wieder nach außen ausatmen. Und mit dieser Ausatmung strömt etwas mit, was keimartig in der Gestaltung ist, woraus in der Welt etwas entstehen könnte – Sanguinik!

Das sanguinische Temperament lebt auch in der Gegenwart, aber nicht so absolut wie der Phlegmatiker, sondern mehr zwischen Zukunft und Vergangenheit abwechselnd: etwas nach vorne eilend mit Wünschen und großen Plänen und dann wieder ein wenig wehmütig zurückblickend, ein bisschen lachend und ein bisschen weinend, hin- und herpendelnd. Hier offenbart sich die Beziehung des Menschen zur Welt, – das abwechselnde Interesse mehr für die Welt, mehr für sich – in diesem Gebiet ist das Lichtätherische wirksam.

Diese vier Grundqualitäten im menschlichen Ätherleib: der Lebensäther, bei dem es um die schöpferische Gestaltung bis zur Formbildung geht, der Klangäther, der dieses Ineinander- und Zusammenströmen hat, der Wärmeäther – zukunftsgerichtetes Wollen – und der Lichtäther – Offenbarung der Beziehung zur Welt –, sie sind natürlich auch in dem großen Weltenäther als Qualitäten vorhanden. Im menschlichen

Bewusstsein erscheinen sie aber erst dann, wenn dieses durch den meditativ verstärkten Denkvorgang gesteigert und erweitert worden ist.

Wenn nun der Lehrer sich auf den Weg der Selbsterziehung begibt, ein Übender wird, um den Kindern mehr helfen, dem werdenden Menschen besser dienen zu können, dann ergeben sich ihm zwei große, innerlich verwandte Aufgaben.

Die eine ist die, dass er sich für das eigene Bewusstsein – erkenntnismäßig – diese Gebiete erobert, um sich wirklich allmählich in der Welt und in den heranwachsenden Menschen auszukennen, sachkundig zu werden.

Die andere, noch wichtigere Aufgabe wäre aber die, dass man dasjenige, was man selbst von diesen vier Kräftewirkungen in sich trägt, bearbeitet und umwandelt, sodass man sich geeigneter macht für eine wahrhaft menschliche Begegnung mit den Schülern im Unterricht.

Will man sich eine Kenntnis dieser vier Grundqualitäten erringen, dann muss man wissen, dass der anthroposophische, moderne Erkenntnisweg stets am Kopfpol, im Bereich der toten Vorstellungen beginnt. Hier setzt die Tätigkeit der Individualität, des eigentlichen Ich ein und beginnt, das Denken neu und lebendig zu gestalten. Man lernt die Lebensätherseite des Ätherischen in sich und in der Welt kennen.

Ganz anders ist der Umgang mit der Wärmeäthersphäre. Da geht es nicht darum, eine innere Willenstätigkeit zu steigern – die ist ja schon überreichlich vorhanden. Im Gebiet des Wärmeäthers strotzt es von triebartigen Willensrichtungen, das cholerische Willensleben geht – vielmehr – stürzt – vorwärts, ohne Besinnung. Hier besteht nicht die Aufgabe, ein Totes wieder lebendig zu machen, sondern ein lebendiges, triebhaft Willensmäßiges zurückzuhalten, nicht einfach laufen zu lassen. Und die Tätigkeit, die im gestaltenden Denken erwacht

ist, muss jetzt hineinleuchten in das sonst wild-triebhaft lau-
fende Willensleben; Bewusst sein muss in den Willen hinein-
geschickt werden. Das heißt aber: die Idee wird zum Ideal.
Wie ist es, wenn die Idee nicht zum Ideal wird? Dann erstarren
die Ideen zu Vorstellungen der Vergangenheit. Leben können
Ideen nur, wenn sie im ganzen Menschen leben; dann werden
sie auch zu Zukunftskeimen und schicken Sinn in den Willensbereich hinein. Verwirklichung in die Zukunft hinein, –
das ist möglich, wenn das Cholerische erlöst wird dadurch,
dass es erst ganz zurückgehalten und dann – durch einen
Strahl des verlebendigten Bewusstseins – erhellt wird.

Worum geht es in dem mittleren Gebiet, beim Phlegmatisch-
Sanguinischen, wo der Umlauf der Säfte, der Wechsel der
Atemzüge die Grundlage für das Fühlen abgeben? Es muss
nicht Totes erweckt, nicht Willensleben durch das Bewusstsein abgeklärt, sondern die Gefühle müssen verobjektiviert
und gereinigt werden. Das Gefühlsleben ist meist zu persönlich und dadurch getrübt. Man lebt nur in sich selbst. Wenn
man die Gefühle reinigen und zum Auffangorgan machen
kann, entstehen in dem Bereich des Lichtäthers die «Gefühle
einer neuen Art».

In dem Buch *Wie erlangt man Erkenntnisse der höheren
Welten?* kommt nach den ersten einleitenden Kapiteln der
Abschnitt «Die Stufen der Einweihung». Die erste Stufe, «Die
Vorbereitung», beginnt mit Meditationen, die das Werdende,
Sprießende, Sprossende und auf der anderen Seite das Ver-
gehende, Verwelkende und Absterbende betrachten. Erst
schaut man beide Vorgänge mit offenen Sinnen an, und dann
sollten Gefühle aufsteigen. Also man soll etwas fühlen –, aber
das heißt nicht, dass man sich Gefühle einredet oder sie auf-
peitscht. Man soll vielmehr einen Resonanzraum schaffen, in
dem wirklich Gefühle aufsteigen können, durch die die Tatsachen der Welt sprechen. Dann heißt es: «Man wird *neue* Arten

von Gefühlen und Gedanken in seinem Innern aufsteigen sehen, die man vorher nicht gekannt hat.»[15] Zunächst wundert man sich, denn man hat doch eine Fülle von allen möglichen Gefühlen gehabt – aber die sind offenbar nicht gemeint. Was sind also neue Gefühle? Sie sind nicht nebelhaft trüb, sie haben bestimmte Formen. Die alten Gefühle sind alle persönlich getrübt, man fühlt stark die eigene Situation, bezieht alles auf sich selbst und färbt dadurch alles andere. Wer kennt nicht die Situation, wo man an einem herrlichen Frühlingstag draußen im Walde spazieren geht, und man fühlt hauptsächlich sich selbst – dieses wunderbare Lebensgefühl, das man hat, indem man da herumspaziert. Das sind die *alten* Gefühle; die neuen Gefühle bilden ein Resonanzorgan, durch das die *Welt* spricht. In dieser Beziehung zur Welt lebt das ganze Gebiet des Sanguinischen. Und tiefere Klänge im Zusammenhang mit der Welt steigen auf im Bereich des Phlegmatischen.

Betrachten wir nun nach diesem ersten Kennenlernen der Qualitäten des belebten Denkens, des gereinigten Fühlens und des sinnvollen Wollens die schwierige Frage der Umwandlung der vier Temperamente.

Warum sollen sie überhaupt umgewandelt werden, können sie nicht bleiben, wie sie sind?

Man kommt auf dem Erkenntnisweg zu einer Stufe, wo es einem nicht nur zu einer vorüberhuschenden, sondern zu einer Existenzfrage wird: Wie verhalten sich diese großen Wahrheiten von Selbst und Welt, die ich mir errungen habe, zu meinem ganzen übrigen Leben und zu meinem Verhalten gegenüber den Mitmenschen? Da werden die meisten Menschen ganz große Enttäuschungen erleben. Wer hat nicht zunächst die tiefe Überzeugung, dass er, wenn er zu wirklichen Bewusstseinssteigerungen, zu wahren, realen Gedanken kommt, auch sein ganzes übriges Leben danach gestalten und umgestalten kann? Damit müsste man doch sofort beginnen können? Und dann sieht man: es geht nicht. Deutlich bemerkt man die zwei Ströme im Menschen, die zunächst nicht zusammenkommen. Der eine ist der Erkenntnisstrom, in dem durchaus schon etwas von dem toten Intellektuellen zu einem Belebten verarbeitet sein kann, und der andere ist der moralische Lebensstrom, der das Verhalten gegenüber Menschen und Welt prägt. Dass sie in der Gegenwart meistens nicht ganz zusammenstimmen, das wahrzunehmen ist sehr wichtig. Man kann einem liebevollen, gütigen Menschen begegnen mit einer tief moralischen Lebenshaltung – und lernt man seine Gedanken kennen, so sind sie töricht und dumm. Es ist ausgeschlossen, dass diese tief gütige, liebevolle Lebensgestaltung von diesen törichten Gedanken herkommen könnte. Das Umgekehrte ist noch erschütternder: ein hochgescheiter Mensch, aufgestiegen zu Weisheit und Erkenntnissen, die er vielleicht auch großartig auszusprechen vermag – und dann sieht man ihn ganz offensichtlich unmoralische Taten tun. Es stimmt nicht zusammen. Eine wichtige Erfahrung – und es entsteht die Frage: wie kommt man zu einer vollgültigen Lebensgestaltung, in der die beiden Ströme nicht auseinanderfallen? Denn da ist einerseits ein Gegenwärtiges in den Erkenntnisbemühungen oder auch in den fehlenden Erkenntnisbemühungen und andererseits dasjenige, was man aus dem vorigen Erdenleben mitgebracht hat, sodass z. B. die Güte, Liebe und hohe Moral als Tatsache einfach da sind. Die Aufgabe ist nun, beides in Einklang zu bringen, denn man soll doch ein ganzer Mensch werden und von seinem Erkenntnisleben aus auch zur Lebensgestaltung kommen. – Versucht man dies, dann erlebt man die großen Behinderungen durch die Temperamente.

Zunächst bilden alle vier Temperamente, die einem angeboren sind, die sich in Kindheit und Jugend entwickelt haben, Behinderungen. Bei den ganz extremen Fällen ist es nicht schwierig, die Behinderung zu sehen, aber diese sind ja nur in einer winzig kleinen Minderheit vorhanden: der Choleriker, der sich zum wirklich größenwahnsinnigen, unmenschlichen Tyrannen steigert; der Melancholiker, der zur paranoiden Schizophrenie, zum Verfolgungswahn kommt; der Sanguiniker, der ein unzurechnungsfähiger, hysterischer Neurotiker wird und sich steigert bis zum Herumirren in völlig sinnlosen Gedanken, in den Irrsinn; der Phlegmatiker, der sich der Idiotie nähert. Das Antimenschliche und die Behinderung sind sogleich zu bemerken.

Aber betrachten wir nun nicht die außergewöhnlichen Fälle, sondern den *etwas* cholerischen, phlegmatischen, sanguinischen und melancholischen Menschen, der sein Temperament nicht bearbeitet hat, sondern es einfach laufen lässt. Dann haben wir nicht den größenwahnsinnigen Tyrannen, sondern – den schwierigen Kollegen. Er überrollt uns immer, ohne Absicht und ohne es selbst zu bemerken, er geht so etwas quer durch, schiebt ein bisschen zurück und macht das, was er will – also eine gewisse unbewusste, raffinierte Brutalität. Es ist nur ein klein wenig von der Qualität des Tyrannen da, liegt aber in derselben Richtung. Der Melancholiker, der nun nicht unter Verfolgungswahn leidet, sondern der stets wehmütig ist, ständig über etwas klagt, immer alles erbärmlich findet, und der, was auch geschehen soll, Bedenken hat und meint, dass es besser wäre, es geschähe nicht: oder der Phlegmatiker, der einfach nichts bemerkt.

Es gibt in einem Vortrag von Rudolf Steiner[16] eine eigentlich erschütternde Darstellung, in der Rudolf Steiner alle vier Temperamente durchgeht und zeigt, inwiefern sie, wenn sie vom Lehrer nicht verarbeitet werden, auf die Kinder tief schädlich wirken.

Wie wirkt das nicht verarbeitete cholerische Temperament? Es wirkt so, dass die Kinder ängstlich werden, sie haben kleine Schockerlebnisse, die sich stauen und nach vielleicht 30 bis 40 Jahren als Stoffwechselkrankheit herauskommen. Ein Lehrer lässt also seiner Cholerik etwas den Lauf, er gibt vielleicht keine Ohrfeigen, aber er fährt das Kind an, brüllt, gibt seelische Ohrfeigen und zerschmettert sozusagen das Seelische des Kindes. Und damit schädigt er nicht nur dieses eine Kind. Da sitzen in der Klasse liebenswerte Mädchen, die ganz gehorsam sind, nie Grund zum Tadeln geben, und sie werden eventuell mehr geschädigt als der unverschämte Junge, den man anschreit; denn sie haben eine Riesenangst, nicht dass sie, sondern dass andere so gerügt werden könnten. Die Wirkung geht in die ganze Klasse hinein, Stoffwechselkrankheiten erzeugend.

Melancholie des Lehrers erzeugt Herzkrankheiten im späteren Leben. Das Sanguinische vermindert die Lebensfreude, erzeugt einen Mangel an Vitalität. Man sieht vier Ströme von Krankheiten in die Kinder hineingehen. Bei dem phlegmatischen Lehrer erleben die Kinder in ihrer Regsamkeit etwas wie luftleere Räume, es ist immer wieder nichts, wo etwas sein, etwas vorgehen sollte. Als Erwachsene werden sie nervöse, neurasthenische Menschen. Dazu sagt Rudolf Steiner: «Die Seele des Kindes fühlt seelisch Atemnot, wenn der Lehrer phlegmatisch ist. Und wenn wir nachschauen im Leben, warum gewisse Menschen an Nervosität, an Neurasthenie und dergleichen leiden, dann finden wir wiederum, wenn wir zurückgehen in dem menschlichen Lebenslauf bis zum kindlichen Lebensalter, wie der nicht der Selbsterziehung unterworfene Phlegmatismus eines Lehrers, der Wichtiges hätte tun sollen an dem Kinde, solchen Krankheitsneigungen zugrunde liegt. Ganze Kulturerscheinungen krankhafter Art werden so erklärlich. Warum ist denn Nervosität, Neurasthenie, so ungeheuer verbreitet in der neueren Zeit? Sie werden sagen, da müsste man ja glauben, dass die gesamte Lehrerschaft in der Zeit, in der die Menschen, die heute nervös, neurasthenisch sind, erzogen worden sind, aus Phlegmatikern bestanden hat.» Rudolf Steiner: «Ich sage Ihnen, sie hat aus Phlegmatikern bestanden.»[17] Und dann beginnt er zu modifizieren und sagt, selbstverständlich ist eine Streuung dagewesen unter den Lehrern, einige waren melancholisch, einige sanguinisch, einige cholerisch und einige eigentlich phlegmatisch. Aber über alle Temperamentsanlagen hin hat es sozusagen eine einheitliche Übermalung gegeben, eine dünne Schicht von einem Grün, von Phlegma, und zwar Phlegma gegenüber dem Geist. Also über die vier starken Farben Blau-Violett, Gelb, Rot und Grün kommt eine einheitliche Lasur von Grün und dieser grüne Phlegmatismus hat die ganze Nervosität unserer Zeit erzeugt.

Nun könnten wir sagen – das waren die Lehrer zu Anfang des Jahrhunderts – so sind wir nicht. Gerade Waldorflehrer werden doch wohl nicht phlegmatisch gegenüber dem Geist sein. Aber vielleicht hat sich doch ein kleiner Rest solchen gemeinsamen Phlegmas erhalten? Ein Beispiel: In einer Waldorfschule tritt kurz vor den Sommerferien eine chaotische, verworrene Situation ein, es gibt Streit, vieles läuft durcheinander und gegeneinander. Ein ernsthafter Betrachter würde zu Recht sagen: Jetzt müsste sich das ganze Lehrerkollegium besinnen und sich zu wirklicher Selbsterkenntnis durchringen und dann die unerfreulichen Zustände gründlich ändern. Das wäre für die weitere Existenz der Schule notwendig. Aber was geschieht? Die Lehrer fahren in die Ferien, die Lehrer kommen zurück aus den Ferien, und die Schule geht weiter, als ob nichts geschehen wäre. Man findet es nicht nötig, viel zu beraten und viel zu verändern. So etwas ist nur möglich durch ein gewisses Phlegma, durch dieses Übertünchtsein mit einer grünen Schicht!

Ein anderer Fall: Es gibt den Ratschlag von Rudolf Steiner, den er den Lehrern der ersten Waldorfschule gegeben hat, dass, wenn man in der Klasse steht und man von der Unverschämtheit eines Schülers gewissermaßen übergossen wird, man das hinnehmen sollte wie einen Regenguss, bei dem man ohne Schirm ausgegangen ist. Man wird ein bisschen nass, schüttelt sich ein wenig und alles ist vergessen. Diesen Ratschlag zu geben, war offensichtlich notwendig bei dem damaligen Kollegium – aber hätten wir ihn heute nötig? Können wir dieses «Abschütteln» nicht schon allzu gut?

Wer steht nicht vor der Klasse und wird von dem einen oder anderen übergossen – dann sitzt man zu Hause, senkt noch ein wenig den Kopf, dann schüttelt man sich ein bisschen, trinkt eine Tasse Kaffee – und am nächsten Morgen steht man wieder pünktlich vor der Klasse, als ob nichts geschehen wäre. Pünktlich – und zwar ohne Mühe pünktlich. Der Sanguiniker, der Melancholiker und der Choleriker müssen sich vielleicht ein bisschen anstrengen, um wirklich pünktlich zu *werden*. Der Phlegmatiker braucht das nicht, er kommt ohne Mühe pünktlich an, er ist gewissermaßen pathologisch pünktlich.

Wie sieht es mit dem Reden aus? Der Sanguiniker beteiligt sich gern an interessanten, auch humoristischen Unterhaltungen, aber er hüpft von einem Gegenstand zum anderen – bei einer Sache stehen zu bleiben, wäre ihm langweilig. Der Melancholiker schweigt – überflüssig etwas zu sagen, wenn ohnehin alles miserabel ist. Der Choleriker kommt mit «statements» und Direktiven – er verkündet das, was er jetzt machen will und was andere machen sollten. Was ist die Fähigkeit des Phlegmatikers in Bezug auf das Reden? Die neutrale Belehrung – die Fähigkeit, über jedes beliebige Thema der ganzen Welt eine gute, wohldisponierte Darstellung geben zu können, mit oder auch ohne fleißige Vorbereitung! Die Fähigkeit der Belehrung! Und da sieht man plötzlich hinein in eine Berufs-Temperamentsveranlagung! – Der Lehrerberuf hat also an sich schon diese grüne Übertünchung und man muss sehr darauf achten, dass auch das Berufstemperament nicht unbearbeitet bleibt!

Nun wird jeder Waldorflehrer selbstverständlich bemüht sein, sich nicht gehen zu lassen und sein Temperament zu verwandeln – ganz besonders aber dann, wenn er eine esoterische Entwicklung anstrebt. Wie ist es nun, wenn etwa ein Phlegmatiker eine esoterische Entwicklung durchmachen will?

In dem Zyklus *Welche Bedeutung hat die okkulte Entwicklung des Menschen für seine Hüllen und sein Selbst?* spricht Rudolf Steiner davon, dass der Phlegmatiker schwer dazu zu bringen sein wird, ein Esoteriker zu werden, und fährt fort: «aber *nehmen wir an,* dass der Phlegmatiker ein Esoteriker wird …» Da scheint eine große Behinderung vorzuliegen – oder ist Rudolf Steiner irgendwie voreingenommen gegen die Phlegmatiker? Sehen wir nach, was er über den Sanguiniker und dessen Möglichkeiten für einen esoterischen Weg sagt. Der Sanguiniker wird sehr schnell Esoteriker und hört genauso schnell wieder auf. Er kommt zu großen Erlebnissen – und dann macht er wieder etwas anderes. Rudolf Steiner folgert: «Sodass der Sanguiniker unter Umständen das wenigst gute Material ist in Bezug auf sein Temperament für die esoterische Entwicklung.» Der Phlegmatiker tröstet sich damit vielleicht ein wenig, zumindest hat er den Sanguiniker neben sich. Wie ist es nun mit dem Choleriker – der ist doch wohl für die Esoterik geeignet? Rudolf Steiner: «Noch anders ist es mit dem cholerischen Temperament. Beim Choleriker wird es fast gar nicht oder doch nur in den allerseltensten Fällen gelingen, ihn zum Esoteriker zu machen!»[18] Da ist also die Chance fast gleich Null, die Choleriker kommen in ihrer impulsiven Art fast überhaupt nicht auf einen esoterischen Weg. Drei Temperamente sind damit ausgeschieden und es bleibt der Melancholiker übrig. Er kommt in seinem suchenden Streben nach tiefer und wahrer Erkenntnis tatsächlich zu einer esoterischen Entwicklung. Aber bei ihm findet eine interessante Umkehrung statt.

Der noch gar nicht entwickelte Melancholiker hat die Neigung, nur das Elend dieser Welt zu sehen: Die Welt ist schlecht und jammervoll und die Menschen sind es ebenfalls. Nach einer kurzen Zeit der esoterischen Entwicklung beginnt sich die Blickrichtung umzudrehen und der Melancholiker sieht jetzt das eigene Elend und die eigene Schlechtigkeit. Bis zu dem tiefsten Grund der Seele bohrend bemerkt er, welch furchtbare Fehler in ihm selbst sind. Er beginnt sich zu tadeln und gegen sich selbst zu wüten; er kommt nicht mehr vorwärts auf dem esoterischen Weg.

Das Entscheidende ist, dass also alle vier Temperamente am Anfang nicht geeignet für eine esoterische Entwicklung sind; sie sind zunächst nur Behinderungen. Die ewige Individualität des Menschen muss sie erst geeignet machen, indem sie an ihnen arbeitet.

Jetzt nehmen wir an, dass der Phlegmatiker, trotz seines Temperamentes, doch ein meditatives Leben beginnt und zum Ernst des Lebens aufwacht. Er übt also Selbsterkenntnis und schaut bis in die letzten Ecken seiner Existenz – ganz ohne Aufregung und ohne gegen sich zu wüten wie der Melancholiker. Mit einer gewissen Objektivität – die unerlässlich ist für die esoterische Entwicklung – bemerkt er seine Fehler. Die phlegmatische Qualität verwandelt sich in die Weltenobjektivität des Klangäthers, wo die Tatsachen erscheinen sollen, so wie sie – jetzt in der Gegenwart – sind. Rudolf Steiner führt in dem erwähnten Zyklus aus, dass der Phlegmatiker, *wenn* er eine Seelenentwicklung durchmacht, – das Selbstverständliche scheint zu sein, dass er keine durchmacht – dass er dann die besten Voraussetzungen für eine ernsthafte anthroposophische Entwicklung hat. Also eine Art Ehrenrettung des Phlegmatikers, auch eine Ehrenrettung des Lehrers könnte man sagen – aber nur, wenn der Rohstoff nicht bleibt, wie er ist, sondern umgewandelt wird. Das ist auch bei den anderen Temperamenten der Fall; es muss immer der werdende Mensch als Ganzer eingreifen, um die Einseitigkeiten zu überwinden.

Nimmt der Choleriker sein intensives Bohren und Stoßen etwas zurück, schickt er Bewusstsein in den Willensbereich hinein, dann geht seine Kraft nicht verloren, sondern sie wandelt sich um. Er wird der bestmögliche Darsteller der wahren Geschichtsvorgänge, weil er tief in die Werdeprozesse der Welt eindringt. Und er wird ein Mensch der Initiative.

Beginnt der Sanguiniker seine Gefühle zu reinigen, sodass die alten Gefühle schweigen, dann spricht wie in einem Echo die ganze Welt zu ihm. Mit Weltinteresse und innerer Phantasietätigkeit wird er antworten und sich in die Welt hineinleben.

Der Melancholiker, der sich der Zukunft zuwenden kann, bleibt nicht mehr an seinen eigenen, ja selbstverständlichen Fehlern hängen. Es ist ein gewisser Egoismus im Spiel, wenn man zu stark gegen sich selber wütet. Man setzt voraus, dass man eigentlich – von vornherein – hätte gut sein sollen. Jetzt schaut der Melancholiker seine Fehler objektiv an und dringt weiter vor – mit dem ihm eigentümlichen Tiefgang und seinem Verantwortungsgefühl – zu der Wahrheit ohne jeden Kompromiss.

Und der Phlegmatiker, der sonst Nervosität erzeugen würde, wird, wenn er sein Temperament verwandelt, die Objektivität behalten, aber das Lebensstrotzende, das vorher auf dem niedrigen Niveau in den Säften des Körpers blieb, emporheben zu dem belebenden Strom der Gedankentätigkeit, in die Lebensfülle hinein.

Nach diesen Betrachtungen werden wir die letzten Worte der Vorträge des Methodisch-Didaktischen Kurses mit anderen Ohren hören:

«Der Lehrer sei ein Mensch der Initiative im großen und kleinen Ganzen.» (Der umgewandelte Choleriker, das umgewandelte Element des Wärmeäthers.)

«Dann das zweite, meine lieben Freunde, ist, dass wir als Lehrer Interesse haben müssen für alles dasjenige, was in der Welt ist und was den Menschen angeht. Für alles Weltliche und für alles Menschliche müssen wir als Lehrer Interesse haben.» (Der umgewandelte Sanguiniker, der sich durch Phantasie-kraft hineinlebt in alles in der Welt, in alle Menschen.)

«Und das Dritte ist: Der Lehrer soll ein Mensch sein, der in seinem Inneren nie einen Kompromiss schließt mit dem Unwahren. Der Lehrer muss ein tief innerlich wahrhaftiger Mensch sein, er darf nie Kompromisse schließen mit dem Unwahren, sonst würden wir sehen, wie durch viele Kanäle Unwahrhaftiges, besonders in der Methode, in unseren Unter-richt hereinkommt.» (Der durch den esoterischen Weg umge-wandelte Melancholiker.)

Und das Vierte, leichter bewirkt als getan, die «goldene Regel für den Lehrerberuf: Der Lehrer darf nicht verdorren und nicht versauern – unverdorrte, frische Seelenstimmung.» (Der umgewandelte Phlegmatiker.)[19]

Durch alle vier Temperamente leuchtet so der werdende Mensch hindurch, der bis in den Ätherleib hinein wirken soll. Und da ist Bescheidenheit am Platz, denn worum geht es, wenn man beginnt, den Ätherleib umzuwandeln? Da muss der Lebensgeist entwickelt werden, der erst in einer fer-nen planetarischen Zukunft ausgebildet sein wird, wenn der gesamte Ätherleib verwandelt ist. Wir sind also erst an einem allerersten Anfang. Aber das Entscheidende ist nicht, dass man bereits etwas erreicht hat, das Entscheidende ist, dass man begonnen hat! Denn schon die ersten noch so kleinen Umwandlungen geben der ganzen Lebenssituation eine neue Färbung und können dann auch eine heilende Wirkung in der Begegnung mit den Schülern haben.

Die Wesenswirkung aus der Nacht in der Entwicklung der Kinder und Jugendlichen

Im Alltagsbewusstsein vom Morgen bis zum Einschlafen am Abend befinden wir uns an einer gewissen Oberfläche des Weltendaseins. Diese Oberfläche ist eingebettet in eine tiefe geistige Wirklichkeit, von der wir aber im Alltagsbewusstsein nichts wissen. Das Großartige ist nun, dass gerade in dieser dünnen Oberflächenschicht die Möglichkeit der Freiheit, der eigenen, selbständigen Moral existiert, während in der tiefen geistigen Wirklichkeit – die draußen das Weltenall und auch drinnen den eigenen Leib erfüllt – unerbittliche, eherne geistige Notwendigkeit herrscht.

Jedes Mal, wenn wir einschlafen, ziehen Ich und Astralleib aus den physischen und ätherischen Sinnesorganen heraus, während gleichzeitig ein Teil des Astralleibes tiefer in die verborgene Geistwirklichkeit des Leibes hineinzieht. Wenn wir aufwachen, steigt dieses Astralische wieder hinauf, der andere Teil senkt sich hinunter, sodass wir wieder an der Oberfläche der gewöhnlichen Sinneswahrnehmungen ankommen.[20]

Es entsteht nun die Frage: Was bringen wir mit von dieser dünnen Oberfläche hinein in die tiefen Sternenräume der Nacht und was bringen wir mit, wenn wir aus den großen Sternenräumen zurückkehren zu der kleinen Oberfläche des Alltagsbewusstseins? Wenn wir diese Oberfläche genauer betrachten, so sehen wir, dass sie nicht nur die Möglichkeit der Freiheit enthält, sondern auch die Möglichkeit der persönlichen Willkür, die Möglichkeit, dass man nichts Wesentliches tut im Laufe des Tages und ihn mit leeren Nichtigkeiten erfüllt.

Was geschieht nun beim Einschlafen, wenn man den ganzen Tag hindurch nichts Wesentliches getan hat, nur persönliche Willkür gewaltet hat, man nur an der Oberfläche geblieben, selber oberflächlich geworden ist, ohne zu bemerken, dass man nur im Oberflächlichen lebt?

Dann gehen wir in den Schlaf, in die Tiefenräume der Nacht hinein mit leeren Händen – geistig gesprochen – ohne Früchte, ohne Ergebnisse des Tages. Wenn wir dann durch die Nacht gegangen sind und wieder aufwachen, sind wir – geistig-moralisch gesehen – nicht an derselben Stelle wie am vorigen Tag, sondern wir sind ein wenig schlechter dran. Wodurch ist das möglich? Was geschieht da in der Nacht? Wenn wir so mit leeren Händen in die Tiefen der Nacht hineinsteigen, dann stürzen sich ahrimanische Elementarwesen auf die Seele; die Seele aber wehrt sie nicht einmal ab, weil sie durch die Oberflächlichkeit des Tages den ahrimanischen Wesen verwandt geworden ist. Eine Anziehungskraft ist zwischen der Seele und den ahrimanischen Wesenheiten entstanden – sie finden sich, sie gehören zusammen.

Was ist nun die große zu erfüllende Weltenaufgabe der ahrimanischen Wesen? Sie müssen die Entfremdung von dem Göttlichen hervorrufen, die nicht göttlich durchdrungene Oberfläche als solche erzeugen. Oberfläche wird nur geschaffen durch das Sich-Absetzen vom Geistig-Wesenhaften, durch Geistverleugnung. Es ist ein Charakteristikum der ahrimanischen Wesenheiten, dass sie geistig schaffen, aber geistig schaffen durch Geistverleugnung. Ohne diesen ahrimanischen Widerstand käme die Weltentwicklung nicht vorwärts.

Die Seele – selber oberflächlich geworden und oberflächlich bleibend – verbindet sich also mit jedem Einschlafen immer mehr mit den ahrimanischen Wesenheiten und kommt bei jedem Aufwachen stärker von ihnen durchsetzt in das Tagesleben hinein. Sie wird in einer sich abwärts schraubenden Entwicklung, in einem circulus vitiosus, mit jedem Tag etwas mehr ahrimanisch.

Nun ist das nicht nur negativ zu sehen. Durch die Steigerung der ahrimanischen Kräfte bildet sich die ganze Dichte und Festigkeit der Geistverleugnung, der Materialismus. Er ist im Weltgeschehen notwendig, denn wenn er genügend dicht und undurchdringlich geworden ist, prallt das innerste geistige Wesen des Menschen an ihm ab. Der Mensch wacht auf, er entdeckt die Oberfläche, und er will an dieser Oberfläche nicht bleiben. Es ist der genügend gesättigte, verdichtete Widerstand, an dem die Seele zu einer neuen, gereinigten Geistigkeit erwacht. Ohne das Aufprallen an diesem Widerstand könnte der Mensch in einer glaubensstarken, warmen Verbindung mit der geistigen Welt verbleiben, aber Geist und Stoff würden sich träumend vermischen. Solche Geistträume des Bewusstseins wären ursprünglicher, näher dem Göttlichen – aber die in ihnen webende Geistigkeit wäre nicht wahrhaft rein. Der am Widerstand der Oberfläche erwachte Mensch entdeckt in seinem Inneren die neue, gereinigte Geistigkeit – aber die ist zunächst sehr dünn. Nur durch Übung, Verstärkung kann sie dichter und gesättigter werden und wachsen. Und wodurch geschieht das? Dadurch, dass zunächst an der Oberfläche selbst etwas in Bewegung kommt, dass etwas gearbeitet wird. Wenn der Mensch sich vornimmt: «Ich will nicht mehr nur an der Oberfläche leben» und an sich zu arbeiten beginnt, dann erhebt er sich aus einer inneren, geistigen Aufrichtekraft über die Oberfläche hinaus und überwindet das, was er vorher, gewissermaßen kriechend, gewesen ist.

Dieser Vorgang ist nahe verwandt demjenigen, den das kleine Kind – natürlich nicht aus einer reinen Geistigkeit heraus, sondern unbewusst – erlebt, wenn es seinen kriechenden Zustand überwindet und sich aufrichtet. Es sind dieselben

Kräfte auf einer höheren Stufe, die beim Erwachsenen wirken, wenn er sich geistig-moralisch erhebt. In diesen Kräften lebt etwas stark Warmes, eine innere Energie. Man muss diese besondere Wärme des inneren Sich-Aufrichtens unterscheiden von anderen Wärmearten, z. B. solchen, die horizontal wirken. Dazu eine wichtige, interessante Stelle aus einem Vortrag, den Rudolf Steiner am 28. April 1923 in Prag gehalten hat:

«Die Verbrennungsprozesse» – also die Wärme – «beim Menschen sind ganz andere als beim Tier. Wenn die Flamme des organischen Wesens horizontal wirkt, vernichtet sie das, was aus dem Gewissen kommt, es kann nicht hereinwirken, was aus dem Moralischen kommt vom Gewissen. Dass sie beim Menschen durchströmt wird vom Gewissen, beruht darauf, dass die Willensflamme beim Menschen senkrecht auf dem Erdboden steht. In diesen Einschlag des Moralischen, des Gewissenhaften, versetzt sich das Kind ebenso, wie in die äußere physische Gleichgewichtslage. Mit dem Gehenlernen schießt in den Menschen hinein die moralische Menschennatur, ja sogar das religiöse Durchsetztsein der Menschennatur.»[21]

Wir verweilen einen Augenblick, um uns deutlich zu machen, dass es sich hier nicht um eine stabile, fest bestehende aufrechte Haltung handelt – die hat auch der Papagei oder der Pinguin. Diese Tiere richten sich aber nicht auf; sie sind eingebunden in ihre Lage, und haben dadurch eine karikaturhaft verzerrte Ähnlichkeit mit dem Menschen. Das Entscheidende beim Kind ist das Sich-aufrichten-Können – zunächst das Kriechen und dann das allmähliche Erobern der Aufrichtekraft. Und etwas Entsprechendes findet beim Erwachsenen statt; erst liegt er, bildlich gesprochen, flach an der Oberfläche, kriecht nur und entdeckt dann eines Tages: jetzt ist es Zeit, sich aufzurichten. Eine neue, höhere Stufe der Aufrichtekraft durch innere geistige Wärme ist erreicht.

«Das sind wahrhaft erhabene Kräfte, die da einwirken, wenn das Kind übergeht aus der kriechenden in die gehende Bewegung. Diese Kräfte, wenn wir sie zurückverfolgen durch das Dunkel des Kindesbewusstseins, sie führen uns zu einem noch höheren Umgang des Menschen mit den Wesenheiten, die wir Urkräfte, Archai nennen.»[22]

Wer sind die Archai oder «Geister der Persönlichkeit?» Sie haben im Saturnzustand – an den Erlebnissen der Wärme – ihre Menschheitsstufe durchgemacht und danach die ganze planetarische Entwicklung in immer neuen Stufen durchlaufen. Als dann die Menschheit auf der Erde angekommen war, bekam sie als Geschenk von den Geistern der Form – nicht den Archai – die Substanz, das Urbild des Ich, die Ich-Möglichkeit.[23] Die Archai aber – auch Zeitgeister genannt – wirken in dieser ihnen selbst verwandten Substanz anregend, befruchtend, begleitend sowohl im Aufrichten des kleinen Kindes, im moralisch-religiösen Aufrichten wie in allem Sich-Hineinstellen in eine Aufrechte in leiblicher, seelischer und geistiger Art.

Wenden wir uns nun wieder der Oberfläche des Alltags zu. Hat die Seele im Laufe eines Tages etwas in Richtung des Sich-Aufrichtens getan, dann geht sie in den Schlaf nicht mit leeren Händen, sondern mit den Früchten dieser Kraft und dieser Wärme und kommt dadurch unmittelbar in die Nähe der Archai. Diese aber, die nichts vermögen, wenn der Mensch ihnen nichts entgegenbringt, können nun die moralisch-religiösen Kräfte des Menschen verstärken. Und der Mensch geht in den nächsten Tag mit einem neuen Kraftschub, viel stärker, als derjenige war, den er allein erzeugen konnte. Auch wenn es nur ein kleiner Anfang ist, – es wächst das moralisch-religiöse Vermögen des Menschen. Nun gibt es nicht nur den kleinen Kreislauf von Tag und Nacht, sondern auch den großen von Erdenleben zu Erdenleben. Und viele Menschen, auch Kinder, haben solche verstärkenden Archaikräfte in sich lebendig, die

nicht aus diesem Erdenleben stammen, sondern aus vorange-
gangenen.

Wir müssen unseren Blick aber besonders auf die in diesem
Leben entstehenden neuen Keime richten, die sich zunächst
in dem kleinen Tag-Nacht-Kreislauf bilden, um später in den
großen Kreislauf überzugehen. Haben Kinder solche moralisch-religiösen Erbschaften aus früheren Leben, dann kann
man sie als ein Wunder dankbar aufnehmen. Das Neue aber
bildet sich in den Kindern nicht von allein, da muss der Lehrer,
der Erwachsene Hilfe und Anregungen geben.

Wir sehen nun hinein in eine neue Tiefendimension der
Darstellungen Rudolf Steiners zur Unterrichtspraxis, gerade in
den grundlegenden Vorträgen zur Begründung der Waldorfschule. Im ersten Jahrsiebt sind Denken, Fühlen und Wollen
noch wie eines, dann kommt das erste Freiwerden der Kräfte.
Gelingt es uns nun, das Fühlen im Unterricht so anzuregen,
dass es sich mit dem verbindet, was das Kind denkt? Nach
und nach werden die zunächst im Physischen gebundenen
Gefühle und der Wille frei, lösen sich los, sodass das Gedachte
gefühlt werden kann und damit eine Grundlage geschaffen
wird für das aus Einsicht-Handeln des späteren Erwachsenen.
Gelingt das nicht, dann bleibt der Wille an den physisch-äthe-
rischen Organismus gebunden und ist nur für die tierischen
Triebe zugänglich, bleibt flach.

Der ganze Erziehungsvorgang ist tief eingebettet in den
Zusammenhang mit den Archai in der Nacht. Sie greifen nicht
ein, aber sie befruchten, was wir an kleinen Gaben beim Einschlafen mitbringen. Und in diesem Bemühen muss der Lehrer
den Kindern vorangehen. Jedes Mal, wenn er sich selbst nur
ein klein wenig überwindet, ist diese Aufrichtekraft anwesend,
und jedes Mal, wenn er sich gehen lässt, wenn sein Handeln nur
so «abrollt», nähert er sich den ahrimanischen Wesenheiten in
der Nacht. Ein großes Drama! Dabei kommt es nicht auf die

Menge oder auf die Größe der Taten an, sondern auf deren Qualität! Hat der Lehrer sich um diese moralisch-religiöse «Aufrichtung» bemüht, dann sind die erhabenen Kräfte der geistigen Wärme, der Ich-Wesenheit in ihm anwesend – und er wirkt sofort anregend auf die Kinder.

Aber es sollte nicht nur bei dieser Anregung bleiben. Die Kinder müssen auch angeleitet werden, selbst auf diesen Weg zu kommen. Das geschieht einmal dadurch, dass der Unterrichtsstoff das Fühlen loslöst von den nur körpergebundenen zufälligen Trieben und Gelüsten und die Kinder hinführt zu Inhalten, denen sie sich in Liebe zuwenden können; – und zum anderen geschieht es durch jede künstlerische Betätigung. So kann sich die Aufrichtekraft des Wollens langsam, stufenweise und immer in Zusammenarbeit mit den Archai aus dem nur leibgebundenen Dasein befreien.

Das Sich-bewegen-Lernen des kleinen Kindes wie auch die moralisch-religiöse Aufrichtekraft des Erwachsenen ist die Grundlage, auf der sich das Sprechen in der rechten Weise entfalten kann. Wiederum kommt es nicht auf die fertige Sprache an, sondern auf den Vorgang, der vom Nicht-sprechen-Können zum Sprechenlernen führt. Da entsteht gegenüber der Aufrichtekraft eine andere, ganz neue Qualität. Man muss sich öffnen und aufnehmen können, was in der Welt lebt, was in den anderen Menschen lebt, und muss in Beziehung dazu treten. Man soll aber auch dem Ausdruck verleihen, was in den eigenen Seelentiefen lebt, das sollte nicht im Innern verschlossen bleiben, sondern sich zeigen. In beiden Richtungen, vom Menschen zur Welt und von der Welt zum Menschen, muss Bewegung stattfinden, und sie muss in beiden Richtungen «ankommen» – sonst entsteht keine vollwertige Sprache, sondern nur Geschwätz oder einsamer Monolog. Die Sprache stellt die Vereinigung der inneren mit der äußeren Welt des Menschen her.

Nun ist auch die Sprache in der Gegenwart sehr von den ahrimanischen Oberflächengeistern angegriffen. Sie wollen die Sprache flach machen, sodass sie nur Oberfläche abbildet, nur noch Signalcharakter hat, sodass sie leer, ohne Qualität ist. Was geschieht, wenn die Sprache flach und leer wird? Dann gießt sich in diese Leere Emotion, Brutalität, Brüllen und Schreien hinein. Jedes Mal, wenn die Qualitäten ausgehöhlt werden, öffnen sich die Schleusen der ungeläuterten Emotionen und füllen die Sprache aus.

Schauen wir auf dieses Gebiet – die Sprache – hin, so sehen wir, dass es keine Sicherheit und Gewissheit gibt, auf die wir bauen können, sondern, dass wir uns zu jeder Stunde aufs Neue bemühen müssen, um wirklich sprechen zu lernen. Es handelt sich nicht nur um das erste kindliche Sprechenlernen, wo man anfängt Tisch, Stuhl und Boden zu benennen, sondern um das Zusammenwirken der menschlichen Seelentiefen mit dem, was draußen in den anderen Menschen lebt. Auch wenn man die Muttersprache beherrscht, Fremdsprachen dazu gelernt hat, kann man sich selber prüfen und sich die Frage stellen: Kannst du wirklich geistig-seelisch sprechen oder ist deine Sprache nur Oberfläche? Führst du, vielleicht ohne es zu bemerken, nur allzu oft einen Monolog und glaubst, dass der ankommt bei den anderen? Lebt in der Sprache Gemütstiefe, Verinnerlichung, Idealismus, spricht das Interesse für das ganze große geistige Weltenall in ihr? Und wenn Wärme in ihr lebt, Begeisterung, so muss man sogleich prüfen, ob es nicht nur die Begeisterung ist für das, was man selber spricht, Monologbegeisterung! Zunächst scheint sie immer noch besser zu sein als die flache, langweilige Rede, aber es wäre eine Illusion zu glauben, dass in ihr die stärkere Beziehung der Welt lebt. Der Lehrer hat selbstverständlich Begeisterung und Interesse für die Sache, die er vorbringt; aber seine große Aufgabe besteht ja darin, dass nicht nur *er* Begeisterung hat, sondern dass er in den Schülern Begeisterung weckt, was ja bekanntlich viel schwieriger ist. Die Schüler sollen in den Prozess hineinkommen, wo sie Wärme in der Sprache und mit der Sprache eine lebendige Beziehung zu ihrer Umgebung entwickeln. Gelingt das, dann bringen die jungen Seelen beim Einschlafen Früchte mit in die geistige Welt und kommen dadurch in Beziehung zu den Erzengeln. Diese warme Innerlichkeit einer geisterfüllten Sprache ist für die Erzengel etwas Ähnliches, wie es für uns die Luft ist. So wie wir die Luft zum Atmen brauchen, so brauchen die Erzengel die Früchte der durchseelten und durchgeistigten Sprache der Menschen. Sie erleben eine bittere Enttäuschung, wenn aus den schlafenden Seelen nichts aufsteigt.

Die Menschenseelen, die in der geistigen Welt «mit leeren Händen» ankommen, verbinden sich nun wiederum mit den ahrimanischen Elementarwesen, werden durch sie in ihrer Oberflächlichkeit verstärkt und kommen noch flacher, noch geistloser sprechend in den nächsten Tag hinein. Es setzt wieder ein abwärtsgehender Kreislauf durch die Wirkung der ahrimanischen Wesen ein, während durch die gemüts- und geistdurchdrungene Sprache, die die Verbindung zu den Erzengeln herstellt, ein aufwärts steigender, zukunftsträchtiger Kreislauf in Gang kommt.

Auch auf dem Gebiet der Sprache gibt es Erbschaften, die aus früheren Erdenleben stammen und die nicht in der Gegenwart errungen sind. Doch gerade auf die neu gesetzten Keime kommt es an, ohne sie gehen auch die alten Erbschaften zugrunde. Wir brauchen die neue, ganz bewusste Beziehung zu dem erhabenen Reich der Erzengel. Erwartungsvoll schauen die Archangeloi auf uns und die Kinder herunter – was bringen die Seelen mit? Wenn auch nur geringe Bemühungen erkennbar werden, dann strömen die Hilfeleistungen der geistigen Wesen in die Menschen hinein, sie gleichsam durchtönend in ihrem Sprachvermögen.

Die beiden Fähigkeiten, die Aufrichtekräfte und die Sprachkräfte, sind nun die Grundlage dafür, dass sich die dritte Kraft, die Denkfähigkeit entwickelt. Schon bei den kleinen Kindern tauchen von dem Moment an, wo sie beginnen, den Sinn, die Bedeutung der Dinge zu erfassen, in der allereinfachsten Form die Weltgedanken auf. Nicht mehr nur durch die Bewegung und durch das Wort stellt das Kind sich in die Welt hinein, sondern jetzt sucht es eine bildhafte, innere Verbindung mit dem Sinn der Welt. Selbstverständlich wäre es zu Beginn dieses allerersten Auftauchens der Weltgedanken unsinnig, von Materialismus zu sprechen. Aber nur allzu schnell wird das wunderbare Reine dieses ersten Sinn-Begreifens von dem Oberflächendenken des Alltags angekränkelt. Das Kind wird womöglich nur mit materialistischen, geistlosen Vorstellungen und deren Kombinationen konfrontiert und dann geht die anfängliche Offenheit des Kindes verloren, und die lebendige Verbindung mit dem Sinn der Welt wird zurückgedrängt. Kommt das Kind dann in die Schule, so steht der Lehrer von der ersten Klasse an vor der großen Aufgabe, die innere Bildfähigkeit, die Phantasie der Schüler in Regsamkeit zu versetzen – absehend von allem, was nur äußerlich informiert. Die Kinder sollten in dieser inneren Tätigkeit leben, wo die ganze Seele phantasievoll mitlebt und mitfühlt mit dem, was der Unterricht bringt. Natürlich muss die Phantasie «stimmig», d. h. exakt sein, sodass sie vollkommen mit dem wahren Wesen der zu behandelnden Sache übereinstimmt. So wird in ganz keimhafter Weise schon die Tiefe des Denkens geübt. Ergänzend kommen dann die malenden, zeichnenden, sich bewegenden Tätigkeiten hinzu. Und was geschieht dann am Abend, wenn die Kinder einschlafen? Die jungen Seelen bringen Früchte mit in die geistige Welt und werden nun direkt zu ihren Engeln geführt.

Denken wir nun noch einmal an die dreijährigen Kinder,

bei denen zum ersten Male der Sinn der Welt aufleuchtet. Rudolf Steiner sagt von ihnen, in dem schon genannten Vortrag, Folgendes:

«Es ist ja so schön, wenn das Kind so unmittelbar denken gelernt hat in einer Weise, von der sich die meisten Menschen gar keine Vorstellung mehr machen! Das Denken des Kindes, unmittelbar nachdem es denken gelernt hat, ist voller Geistigkeit. Es ist wunderbar zu sehen, wie bis zur Zeit, wo sie angefressen werden vom Materialismus, Kinder im Schlafe geradezu wie im Fluge ihren Angeloiwesen entgegengehen, wie sie verbunden werden mit den Engelwesen während des Schlafes.» – Wir sehen also, alle die kleinen Kinder, die gerade erst Denken gelernt haben, fliegen nach dem Einschlafen direkt zu ihren Engeln – und diese Kräfte wirken verstärkt hinein in den nächsten Tag.

«So können wir sagen: Im Schlafe suchen wir, aber nur durch den Idealismus, durch Vergeistigung der Gedankenwelt, jene Welten auf, aus denen wir uns herausentwickelt haben, um hier als Mensch unter Menschen das Denken zu erlernen.»[24]

Nun war ein kleiner Vorbehalt dabei. Die Kinder fliegen hin zu ihren Engeln bis zu der Zeit, wo sie angefressen werden vom Materialismus. Und nachher fliegen sie nicht mehr zu ihren Engeln. Wann werden sie angefressen vom Materialismus? War das in früheren Zeiten vielleicht in den Jahren der Pubertät, oder eventuell in einem noch späteren Lebensalter? Oder liegt es im Alter von 9 bis 10 Jahren? Ist dieser Zeitpunkt nicht ständig weiter vorgerückt und beginnt heute der Angriff des Materialismus nicht bereits beim ersten Denkenlernen? Wenn die Fernsehapparate überall schon in die Kinderstuben hereingebracht werden und systematische Verflachung, Oberflächlichkeit die Kinder umgibt, werden sie gewiss vom Materialismus angefressen. Rudolf Steiner fügt diese Bemerkung fast nur wie einen Nebensatz in seine Ausführungen ein. Das war am Anfang des Jahrhunderts. Heute müsste man diesen

Nebensatz wohl zu einem großen Abschnitt in der Darstellung machen. Ein Hauptangriff gegen die ganze Zukunftsmöglichkeit der Menschheit findet statt, wenn diese bis in den Grund hinein in diesem Anfangsstadium geschädigt wird. Wir sehen, dass nicht nur in der Schule, sondern schon auf der Kindergartenstufe Aufgaben für den Erwachsenen entstehen. Er muss das erste, von selber aufblitzende Sinnerfassen der Welt bei den Kindern behüten und versuchen, es weiterzuentwickeln, sodass neue, kleine Keime entstehen. Was für die kleinen Kinder gilt, hat ebenso Gültigkeit für die älteren, für die Jugendlichen und für die Erwachsenen; nur wird es sich auf immer neuen, sich verändernden Stufen zeigen. In dem gesamten Lebenslauf sollte der aufbauende Tag-Nacht-Kreislauf den Hintergrund für alle Denktätigkeit bilden.

Betrachten wir nun die Phantasie noch einmal etwas genauer. Das Entscheidende bei ihr ist, dass die Bilder exakt dem Wesen entsprechend sind, und dass sie in Zusammenhang mit einem Ganzen stehen. Aus einem großen Ganzen muss das Spezifische herauskommen, sonst haben wir es nicht mit Phantasie zu tun. Es ist das oberflächliche Denken, das immer bestrebt ist, zu einer bestimmten Definition, gewissermaßen zu einem Punkt zu kommen. Diese Punkte versucht man zusammenzuaddieren, sodass sie auch in den Computer gesteckt werden können. Phantasie ist nicht in den Computer hineinzubringen, wohl aber die Klein-Informationen, die einzelnen Stückchen, die dann durch die enorme Kombinationsmöglichkeit des Computers zusammengestellt werden – völlig losgelöst von der Tätigkeit des Menschen, die ihn zu seinem Engelwesen führt. Dagegen sind wiederum die ahrimanischen Elementarwesen anwesend und bewirken durch die Nacht, dass der Mensch am nächsten Tag noch oberflächlicher, noch mehr zerstückelt denkt.

Wenn wir uns um Phantasie bemühen, kommen wir in

Zusammenhang mit den erhabenen, religiös-moralische Kräfte spendenden Wesenheiten. Das Entscheidende ist auch hier die Bemühung. Manchmal kann man die Erfahrung machen, sowohl bei sich selbst als auch bei Kollegen in der Schule, dass eine gewisse Mutlosigkeit da ist in Bezug auf das Phantasievoll-Sein; so ein kleines Stöhnen, dass man nicht genügend Phantasie hat, einem nichts einfällt. Man steht vor dieser oder jener Aufgabe im Unterricht und weiß genau, da sollten Bilder aus der exakten Phantasie entwickelt werden, aber man bringt nichts zustande. In einer solchen Situation sollte man darauf vertrauen, dass die Bemühung das Entscheidende ist. Es kommt gar nicht darauf an, dass man großartige Bilder produziert, es kommt vor allem auf die kleine intensive Anstrengung an, mit der man versucht, die Phantasiekraft in sich zu beleben. Man wird dabei Erstaunliches feststellen. Schon der kleine, mit Mühe vollbrachte Versuch wirkt anregend, geht mit hinein in den Schlaf und wird da von dem Engel verstärkt. Am nächsten Tag wirkt diese verstärkte Bemühung anregend auf die Kinder und weckt in ihnen das, worauf es entscheidend ankommt.

Ein Lehrer, der spontan begabt, von Natur aus phantasievoll ist, wird natürlich zunächst für die Kinder viel interessanter sein als ein anderer, der nur trocken und flach unterrichtet. Aber wenn er sich nicht auch übend auf den Weg macht, wird er mit seiner Genialität bald am Ende sein. Es ist gerade dieses Ständig-ein-bisschen-über-sich-selbst-Hinauswachsen, was befeuernd auf die Kinder wirkt. Deshalb macht es nicht viel aus, wenn man zunächst sehr schwach ist in Bezug auf eine solche Fähigkeit. Man soll erkennen, worum es geht, sich bemühen, so viel man kann, und dann wird die Fähigkeit wachsen und immer mächtiger werden. Es ist ja gerade die Phantasietätigkeit ganz besonders geeignet, eine Verbindungsbrücke zu den geistigen Wesenheiten zu bilden. Bleibt man an der Oberfläche, dann besteht allerdings die Gefahr, dass Phantasie nur Ausdruck von willkürlicher Phantastik wird. Phantasie ist auch auf einem so abgelegen erscheinenden Gebiet wie der Mathematik vonnöten. – Ein großer Mathematiker hat immer starke Phantasiekräfte – er muss nämlich sehr viele oder möglichst alle Möglichkeiten sehen – und erst aus diesem Ganzen aller Möglichkeiten kann er – abwägend – das Spezifische finden. Ohne Phantasie kann er höchstens ein Rechenmeister werden, der zusammenaddiert. Kommt schon in der Mathematik das Einzelne nur aus dem Ganzen heraus, wie viel mehr muss das auf all den anderen Gebieten des Denkens der Fall sein! Das Wirken des Ganzen darf auf dem Wege hin zu dem konkreten Einzelnen nicht verloren gehen.

Es gibt ein ganz anderes Feld, auf dem auch das Einzelne nur aus einem Ganzen heraus zu verstehen ist, das ist das große Gebiet der Schicksalsfügungen und damit verbunden die Möglichkeit der Freiheit – die Möglichkeit, aus Einsicht oder aus Willkür zu handeln.

Was geschieht in den Schicksalszusammenhängen – wie lebt der Engel des Menschen darin? Der Engel schafft nicht das Karma, das ist von viel höheren göttlichen Wesenheiten gewirkt worden. Aber die uns nahe, individuelle Engelwesenheit lebt in unserer karmischen Substanz, führt und begleitet uns; und in dem Bewusstsein des Engels ist immer das Ganze anwesend. Der Engel weiß, wie in diesem oder jenem Falle das Besondere, das gerade jetzt fällig ist, zustande kommen soll, er fügt und weist die nächsten Schritte auf dem Schicksalsweg. So bleibt es nicht nur bei der Wirksamkeit der kleinen und großen Kreisläufe in Bezug auf das Denken und die Phantasie – es gibt sie auch in Bezug auf das Ganze der Schicksalsfügungen des Menschen und der Tätigkeit aus der moralischen Phantasie heraus.

In dem Vortrag «Was tut der Engel in unserem Astralleib»

stellt Rudolf Steiner tief eindrucksvoll dar, wie der Engel in unserem Astralleib mächtige Ideal-Bilder malen, entwerfen möchte. Er kann es aber im 20. Jahrhundert nur tun, wenn der Mensch «mitmalt». Ohne das geht es nicht. Der Mensch muss beim Einschlafen etwas mitbringen aus dem Tag, etwas, wo er schon angefangen hat «mitzumalen» – dann kann der Engel die Keime verstärken und die Idealbilder im Astralleib entfalten und mächtig machen. Wenn er durch das Versagen des Menschen an diesem Tag gehindert wird, verschiebt sich seine Tätigkeit auf ein anderes Gebiet und es entstehen schreckliche Karikaturen. Darauf soll jetzt nicht näher eingegangen werden. Liest man den Vortrag aber weiter, so kommt ganz am Ende, im letzten Abschnitt, eine höchst erstaunliche, überraschende Ausführung, die man leicht übersehen, in ihrer Bedeutung nicht gleich bemerken kann. Da wird eine Übung, eine Phantasie-Übung – zugleich eine der vielen Karma-Übungen – beschrieben: Man soll sich innerlich ausdenken, was im Laufe eines Tages hätte geschehen können, was aber nicht geschehen ist.

Man kann auf den Tag so zurückblicken, dass man ins Auge fasst, was tatsächlich geschehen ist, was man getan hat. Bei dieser Übung kommt es darauf an, zum Wesentlichen durchzudringen. Jetzt aber soll man seine Phantasie entfalten und ausdenken, was nicht geschehen ist. Man könnte es zunächst etwas sonderbar finden: Es ist doch nicht geschehen, warum soll ich es mir dann ausmalen? Vielleicht vergisst man daraufhin die Übung – bis man das Entscheidende entdeckt. Was geschieht nämlich, wenn man die Übung tatsächlich macht? Dann hat man einmal den Verlauf dessen, was tatsächlich geschehen ist, und dann denkt man sich zum anderen viele konkrete Bilder aus von dem, was hätte geschehen können und wie daraufhin alles ganz anders verlaufen wäre. Da hat man ein Negativ des Lebens – negativ nicht im abträglichen Sinne, sondern als Gegensatz, das Umgekehrte, das sich wie das Konkave zum Konvexen verhält. Was geschieht nun dadurch? Man hat eine große Fülle von Möglichkeiten, die hätten sein können – und aus diesem Ganzen tritt eine Möglichkeit hervor, die tatsächlich stattgefunden hat. Damit gewinnt man eine ganz andere Einstellung zu dem Schicksal – es ist nicht etwas punktuell oder linear Verlaufendes, erst geschieht das und darauf folgt jenes, eine unabänderliche Notwendigkeit, die nur so weiterrollt; – nein, man ist in einem Ganzen, wie in einer großen Wölbung darinnen und aus ihm tritt das Einzelne, was tatsächlich geschehen ist, hervor. Rudolf Steiner schildert diesen Vorgang in dem genannten Vortrag wie folgt:

«Aber das tut man ja im gewöhnlichen Leben gar nicht, weil man sich gewöhnlich nicht fragt: Was ist zum Beispiel durch irgend etwas verhindert worden? Wir kümmern uns meistens nicht um die Dinge, die verhindert worden sind, die, wenn sie eingetreten wären, unser Leben gründlich verändert hätten. Hinter diesen Dingen, die aus unserem Leben fortgeschafft werden auf irgendeine Weise, sitzt ungeheuer viel von dem, was uns zu wachsamen Menschen erzieht. Was hätte mir heute alles passieren können? Wenn ich diese Frage mir an jedem Abend stelle und dann einzelne Ereignisse betrachte, die dies oder jenes hätten herbeiführen können, so knüpfen sich an solche Fragen Lebensbetrachtungen, die Wachsamkeit in die Selbstzucht hereinbringen. Und das ist etwas, was einen Anfang machen kann, und was schon von selbst immer weiter und weiter führt. Endlich dazu führt, dass wir nicht nur auskundschaften, was es in unserem Leben bedeutet, dass wir z.B. um ½ 11 Uhr vormittags einmal ausgehen wollten und dass gerade im letzten Augenblicke noch irgendein Mensch kam, der uns aufhielt … Wir sind ärgerlich, dass er uns aufhielt, aber wir fragen nicht nach: Was hätte geschehen können, wenn wir wirklich zur rechten Zeit ausgegangen wären, wie wir es geplant haben? Was hat sich da verändert? Ich habe über solche Dinge auch hier einmal schon ausführlicher gesprochen. Von der Beobachtung des Negativen in unserem Leben, das aber von der weisheitsvollen Führung unseres Lebens Zeugnis ablegen kann, bis zu der Beobachtung des webenden und wirkenden Engels in unserem astralischen Leib ist ein gerader Weg, ein recht gerader Weg und ein sicherer Weg, den wir einschlagen können.»[25]

Zuerst ist also die Rede von den großen Idealbildern, die der Engel in den Astralleib des Menschen hineinmalen möchte – und da darf der Mensch mitmalen. Nun aber die Frage: wie bekommt der Mensch den Zugang zu seinem Engel? Der sichere, der gerade Weg dazu ist diese Übung: Phantasieentfaltung gegenüber dem Schicksalslauf, sodass das Ganze – das sonst auch im Denken wirkt, wo jede Denkkristallisation aus diesem Ganzen herausgeboren wird – jetzt erfasst wird auf diesem inneren Felde. Es geht ja darum, langsam hinzukommen zu der Freiheitsmöglichkeit, wo man aus Einsicht handelt, sich nicht dem Zufall überlässt, sondern mitwirkt an dem Schicksalsgewebe, mit dem Engel zusammenarbeitend, und doch eingebettet in seine weisheitsvolle Führung. Und ebenso wird man durch die moralisch-religiöse Aufrichtekraft mit den Archai, durch das in tieferem Sinne Sprechen-Lernen mit den Archangeloi zusammenwirken können.

Das gilt für den Lehrer. Die Kinder können selbstverständlich solche Übungen nicht machen. Aber sie brauchen den Erwachsenen, der sich auf den Weg begibt, um den Zusammenschluss mit dem Engel zu finden und der dadurch immer interessanter für sie wird.

Der Lehrer, der durch die Nacht gestärkt ist, wirkt anregend, und was er auch tut im Unterricht, es bekommt jetzt eine andere Färbung. Er wird deutlicher und immer deutlicher wahrnehmen lernen, was da hereinströmt aus der Nacht. Wer hat das nicht schon erlebt, dass in einer Unterrichtsstunde einmal etwas anfänglich gelungen ist und am nächsten Tag – die Nacht lag dazwischen – kommen die Kinder wie aus einem erfrischenden Bade in die Stunde herein, und man kann anknüpfen an die Sternenräume der Nacht! Und umgekehrt – wer hat nicht schon unter dem Schrecklichen gelitten, dass der Unterricht nicht gelungen, flach geblieben ist und dann die Emotionen hereinschießen, die Kinder sich balgen und der Lehrer brüllt. Der herunterziehende Kreislauf in Verbindung mit den ahrimanischen Wesen beginnt. Wir sind in ein Kampffeld hineingestellt, in einen Freiheitsraum, in dem wir die Möglichkeit haben, an der Oberfläche aufzuwachen zu einer reineren Geistigkeit, die allmählich dichter und gesättigter werden kann durch die Zusammenarbeit mit den Engeln, Erzengeln und Archai.

Und schlagen wir nun den ersten Vortrag der Allgemeinen Menschenkunde[26] auf, da lesen wir: Die Aufgabe des Lehrers ist, mitzuwirken daran, dass die Kinder lernen, richtig zu schlafen. Nun, im Allgemeinen schlafen die Kinder ja viel besser als die Erwachsenen, nur in Ausnahmefällen, wenn sie Schlafstörungen haben oder krank sind, schlafen sie nicht, gewöhnlich schlafen sie ja wunderbar. Das kann also nicht gemeint sein. Gemeint ist vielmehr, dass die Kinder lernen müssen, in die rechte Beziehung zu den Engeln, Erzengeln und Archai zu kommen, eben dadurch, dass sie mit der Hilfe des Lehrers nicht leer in die Nacht hineingehen, sondern aus dem Denken, Fühlen und Wollen Früchte der Liebe und der Hingabe in die Nacht hineintragen. Es ist ein dreifaches richtiges Schlafen-Lernen, durch das ein neuer Strom aus der Nacht in den nächsten Tag hineinfließen kann.

Hat man sich diesen Zusammenhang mit der dritten Hierarchie klar gemacht, dann fällt von da aus auch ein neues Licht auf die große Inaugurationstat Rudolf Steiners bei der Schulgründung. Die geistige Schulgründung als Grundquelle der ganzen Waldorfschulbewegung musste im Zusammenwirken mit den Engeln, Erzengeln und Urkräften geschehen.

Diese gewaltige Perspektive ist vor uns hingestellt gerade in dem Jahrhundert, wo die großen und die kleinen ahrimanischen Wesenheiten alles daran setzen, um den Zusammenhang des Menschen mit der wahren göttlich-geistigen Welt endgültig abzuschneiden. In dem schon genannten Vortrag «Was tut der Engel in unserem Astralleib?» steht ein gewichtiger Satz. Rudolf Steiner sagt dort, dass diese Zusammenarbeit mit den Engeln erreicht werden muss noch vor Beginn des 3. Jahrtausends. «Es beginnt ja das dritte Jahrtausend bekanntlich mit dem Jahre 2000.»[27] Er bleibt also nicht im Allgemeinen stehen, sondern gibt genau an, dass im Jahre 2000 schon stattgefunden haben muss, was uns in Verbindung zur geistigen Welt bringt. Wir haben also nur noch wenig Zeit bis zu dem großen Entscheidungskampf, dieser weltgeschichtlichen Entscheidung!

Ein großer geistiger Lehrer und Waldorfpädagoge

Nachwort von Andreas Neider

Wo gibt es das heute noch: einen geistigen Lehrer, der den anthroposophischen Schulungsweg wie kein anderer beherrscht und der sowohl in Vorträgen wie im privaten Gespräch präziseste Hilfestellung für den Ratsuchenden geben kann – der aber zugleich ein hervorragender Waldorflehrer und Vortragender zu jeglichen Fragen der Pädagogik Rudolf Steiners ist? Nirgends!

Jörgen Smit, geboren am 21. Juli 1916 in Norwegen und schon mit 19 Jahren Mitglied der Anthroposophischen Gesellschaft, wurde mit 25 Jahren Waldorflehrer und unterrichtete bis 1965 in seiner Heimatstadt Bergen, bevor er 1966 – gemeinsam mit seinem schwedischen Freund Arne Klingborg – das Lehrerseminar in Järna begründete. Seit seinem 20. Lebensjahr hielt er regelmäßig Vorträge in der Anthroposophischen Gesellschaft in Norwegen, deren Generalsekretär er 1957 wurde. Seither weitete er seine Vortragstätigkeit international aus und setzte sich für eine grenzüberschreitende Zusammenarbeit der Waldorfschulen in Europa ein. 1975 wurde er in den Vorstand der Allgemeinen Anthroposophischen Gesellschaft in Dornach berufen, wo er zunächst die Leitung der Jugendsektion übernahm, bis ihm 1981 schließlich auch die Leitung der Pädagogischen Sektion übertragen wurde.

Ich lernte ihn persönlich um 1981 herum kennen, während meiner Studienzeit in Berlin, weil er mich während eines Aufenthaltes dort einlud, im Kollegium der Jugendsektion mitzuarbeiten. Denn das war eine seiner Stärken: die persönliche Begegnung mit jungen Menschen, die er intensiv wahrnahm. Er war uns jungen Leuten durch seine individuellen Ratschläge zu Schulungsfragen ein großes Vorbild und natürlich durch seine Art, Vorträge zu halten und seine Zuhörer dabei in ihrem Innersten anzusprechen.

Das galt auch für die internationale Ausbildung von Waldorflehrern, denen er nicht nur im Pädagogischen, sondern vor allem in der meditativen Schulung zum spirituellen Lehrer wurde. Weder vor noch nach ihm hat es eine solche Persönlichkeit im Rahmen der Waldorfpädagogik gegeben. Ein deutliches Zeugnis davon legt das vorliegende, 1989 von mir im Verlag Freies Geistesleben herausgegebene Buch *Der werdende Mensch – Zur meditativen Vertiefung des Erziehens* ab, das nun dank der Initiative des Verlegers Claudius Weise in einer Neuauflage wieder erscheinen kann.

Darin wird der Unterrichtende beispielsweise auf eine besondere Gefahr aufmerksam gemacht: Um die Kinder wirklich zu erreichen, muss er nicht nur gedanklich, sondern bildhaft zu den Kindern sprechen lernen, sodass diese mit dem Inhalt atmend umgehen können. Bleibt er aber auf dieser Stufe stehen, droht die Gefahr des Selbstgenusses. Denn allzu leicht kann es passieren, dass der Lehrer es genießt, wie die Kinder die von ihm gestalteten Bilder in sich aufnehmen. Dem gilt es nun dadurch zu begegnen, so führt Jörgen Smit in seiner unnachahmlichen Art weiter aus, dass der Lehrende sich selbst zurücknimmt und versucht, die Kinder innerlich zu verstehen. Und zwar dadurch, dass er sich daran erinnert, wie er selbst als Kind in diesem oder jenem Alter gewesen ist. In einer Art biografischer Rückschau gilt es dabei, sein früheres Selbst wie von außen zu betrachten und sich die Frage zu stellen: Was war damals das Wesentliche?

Auf diese beiden Säulen des Schulungsweges, die Verstärkung des bildhaft-lebendigen Denkens und die Verarbeitung der eigenen Biografie in der Lebensrückschau, hat Jörgen Smit immer wieder vehement hingewiesen, wovon die in dem besagten Buch abgedruckten vier Vorträge ein beredtes Zeugnis ablegen.

Eine weitere Seite seiner Wirksamkeit im Pädagogischen waren die internationalen Lehrertagungen, die er ab 1983 am Goetheanum veranstaltete und die eine wichtige Grundlage für die sich immer weiter ausbreitende internationale Waldorfschulbewegung bildeten. Seine Vortragstätigkeit führte ihn dabei auf alle Kontinente, in denen es damals bereits Waldorfschulen gab.

Jörgen Smit starb im Alter von 74 Jahren am 10. Mai 1991. Ihm ging es ein Leben lang nicht nur um die äußere Verbreitung der Waldorfpädagogik, sondern auch um deren spirituelle Vertiefung und Weiterentwicklung. Möge dieses kleine Büchlein – 35 Jahre nach seinem ersten Erscheinen – in deutlich veränderter Zeitlage in diesem Sinne weiterwirken.

Anmerkungen

1 Vgl. Jean Piaget: *Six études de psychologie*, Paris 1964. Deutsche Übersetzung in Jean Piaget: *Gesammelte Werke*, Studienausgabe, hrsg. von Bärbel Inhelder u. Alina Szeminska, Stuttgart 1975. Herbert Ginsburg / Sylvia Opper: *Piagets Theorie der geistigen Entwicklung*. Deutsche Übersetzung, Stuttgart 1975.

2 Vgl. dazu Rudolf Steiners Vortrag vom 10. März 1910: «Der positive und der negative Mensch», in: *Metamorphosen des Seelenlebens – Pfade der Seelenerlebnisse*, Gesamtausgabe (GA) Bibl.-Nr. 59, Dornach 1984.

3 Eine Darstellung dieser Übung in einem größeren Zusammenhang findet sich in dem Vortrag Rudolf Steiners: «Das Anschauungserlebnis der Denk- und Sprachtätigkeit», Vortrag vom 20. April 1923, in: *Was wollte das Goetheanum und was soll die Anthroposophie?*, GA Bibl.-Nr. 84, Dornach 1986.

4 Vgl. zu dieser Übung das Kapitel «Innere Ruhe» in: *Wie erlangt man Erkenntnisse der höheren Welten?*, GA Bibl.-Nr. 10, Dornach 1993, sowie den Vortrag «Soziale und antisoziale Triebe im Menschen», vom 12. Dezember 1918 in: *Die soziale Grundforderung unserer Zeit*, GA Bibl.-Nr. 186, Dornach 1990.

5 Vgl. Rudolf Steiner: *Anthroposophische Leitsätze*, Nr. 1, GA Bibl.-Nr. 26, Dornach 1998.

6 Vgl. Rudolf Steiner, Vortrag vom 30. November 1919 in: *Die Sendung Michaels*, GA Bibl.-Nr. 194, Dornach 1994, sowie Vortrag vom 3. Oktober 1920 in: *Grenzen der Naturerkenntnis*, GA Bibl.-Nr. 322, Dornach 1981.

7 Vgl. Rudolf Steiners Vortrag vom 15. April 1923 in: *Was wollte das Goetheanum und was soll die Anthroposophie?*, GA Bibl.-Nr. 84, Dornach 1986.

8 Novalis: «Hymnen an die Nacht», in: *Schriften. Die Werke Friedrich von Hardenbergs*, hrsg. von Paul Kluckhohn und Richard Samuel, Stuttgart 1976, V. 696ff.

9 Vgl. Rudolf Steiner: *Damit der Mensch ganz Mensch werde. Die Bedeutung der Anthroposophie im Geistesleben der Gegenwart*, GA Bibl.-Nr. 82, Dornach 1994, S. 163.

10 Vgl. Rudolf Steiner: *Die Geheimwissenschaft im Umriß*, Kap. «Schlaf und Tod», GA Bibl.-Nr. 13, Dornach 1989.

11 «Die Pforte der Einweihung» in: Rudolf Steiner: *Mysteriendramen*, GA Bibl.-Nr. 14, Dornach 1998.

12 Vgl. dazu grundlegend Jörgen Smit: «Der meditative Erkenntnisweg der Anthroposophie», in Jörgen Smit, Georg Kühlewind, Rudolf Treichler u. Christof Lindenau: *Freiheit erüben – Meditation in der Erkenntnispraxis der Anthroposophie*, Stuttgart 1988.

13 Vgl. hierzu und zum Folgenden Rudolf Steiner: *Welche Bedeutung hat die okkulte Entwicklung des Menschen für seine Hüllen und sein Selbst?*, GA Bibl.-Nr. 145, Dornach 2005.

14 Vgl. GA Bibl.-Nr. 145 , 4. Vortrag.

15 GA Bibl.-Nr. 10, S. 44.

16 Vortrag vom 8. April 1924 in Rudolf Steiner: *Die Methodik des Lehrens und die Lebensbedingungen des Erziehens*, GA Bibl.-Nr. 308. Dornach 1986.

17 A.a.O., S. 16f.

18 GA Bibl.-Nr. 145, S. 60ff.

19 Schlussworte vom 6. September 1919 in Rudolf Steiner: *Erziehungskunst. Methodisch-Didaktisches*, GA Bibl.-Nr. 294, Dornach 1990, S. 193f.

20 Vgl. hierzu und zum Folgenden Rudolf Steiner: *Die menschliche Seele in ihrem Zusammenhang mit göttlich-geistigen Individualitäten*, GA Bibl.-Nr. 224, Dornach 1992, sowie *Menschenwesen, Menschenschicksal und Welt-Entwickelung*, GA Bibl.-Nr. 226, Dornach 1988.

21 Vgl. GA Bibl.-Nr. 224, S. 118.

22 A.a.O.

23 Vgl. dazu Kap. «Wesen der Menschheit», in GA Bibl.-Nr. 13.

24 A.a.O., S. 120.

25 Vortrag vom 9. Oktober 1918 in Rudolf Steiner: *Der Tod als Lebens-wandlung*, GA Bibl.-Nr. 182, Dornach 1996, S. 160.

26 Vgl. Rudolf Steiner: *Allgemeine Menschenkunde als Grundlage der Pädagogik,* GA Bibl.-Nr. 293, Dornach 1992.

27 GA Bibl.-Nr. 182, S. 153.

Prof. Dr. Wolfgang Schad

Erziehung ist Kunst
Pädagogik aus Anthroposophie

ISBN 978-3-7725-3316-7
239 Seiten, kartoniert

Wissenschaftlich fundiert und vor dem Hintergrund lang-
jähriger Lehrerfahrung macht Wolfgang Schad die Waldorfpädagogik aus der Anthropologie und der Anthroposophie
heraus verständlich. Besonders anschaulich durch die Betrachtung verschiedener konkreter Themen, ist dieses Buch
eine aufschlussreiche Lektüre für alle, die sich mit den
Grundfragen der Erziehung beschäftigen.

Verlag Freies Geistesleben

Marie-Louise Compani

Waldorfkindergarten heute
Eine Einführung

ISBN 978-3-7725-3308-2
432 Seiten, kartoniert

Die zum größten Teil neu geschriebenen Beiträge machen
mit allen wesentlichen Elementen des Waldorfkindergartens
und der Waldorfkindertagesstätte vertraut und bieten eine
umfassende, aktuelle Einführung in die Waldorfpädagogik
für das Vorschulalter. Die Autorinnen und Autoren beschrei-
ben anschaulich den pädagogischen Ansatz und die Grundlagen der frühkindlichen Bildungsprozesse.

Verlag Freies Geistesleben